Empreendedorismo

Elabore seu plano de negócio e faça a diferença!

Dados Internacionais de Catalogação na Publicação (CIP)
(Jeane Passos de Souza – CRB 8ª/6189)

Nakagawa, Marcelo
   Empreendedorismo: elabore seu plano de negócio e faça a diferença! / Marcelo Nakagawa. – 2. ed. – São Paulo: Editora Senac São Paulo, 2018.

   Bibliografia
   ISBN 978-85-396-2398-3 (impresso/2018)
   e-ISBN 978-85-396-2399-0 (ePub)
   e-ISBN 978-85-396-2400-3 (PDF)

   1. Empreendedorismo 2. Plano de negócio : Sucesso I. Título.

18-007u   CDD 658.42
                                                                    BISAC BUS 025000

Índice para catálogo sistemático:

1. Empreendedorismo   658.42

Empreendedorismo

Elabore seu plano de negócio e faça a diferença!

2ª edição

Marcelo Nakagawa

Editora Senac São Paulo – São Paulo – 2018

Administração Regional do Senac no Estado de São Paulo
Presidente do Conselho Regional: Abram Szajman
Diretor do Departamento Regional: Luiz Francisco de A. Salgado
Superintendente Universitário e de Desenvolvimento: Luiz Carlos Dourado

Editora Senac São Paulo
Conselho Editorial: Luiz Francisco de A. Salgado
 Luiz Carlos Dourado
 Darcio Sayad Maia
 Lucila Mara Sbrana Sciotti
 Jeane Passos de Souza

Gerente/Publisher: Jeane Passos de Souza (jpassos@sp.senac.br)
Coordenação Editorial/Prospecção: Luís Américo Tousi Botelho (luis.tbotelho@sp.senac.br)
 Márcia Cavalheiro R. de Almeida (mcavalhe@sp.senac.br)
Administrativo: João Almeida Santos (joao.santos@sp.senac.br)
Comercial: Marcos Telmo da Costa (mtcosta@sp.senac.br)

Edição de Texto: Maísa Kawata
Preparação de Texto: Maysa Monção
Revisão Técnica: Marina Sierra de Camargo
Revisão de Texto: Globaltec Editora Ltda., Heloisa Hernandez, Luciana Lima (coord.),
 Thiago Blumenthal, Janaina Lira
Projeto Gráfico e Capa: Mateus Bertolini de Moraes
Editoração Eletrônica: Mateus Bertolini de Moraes, Fabiana Fernandes e Sandra Regina Santana
Ilustrações: Orlando
Impressão e Acabamento: Finaliza Editora e Indústria Gráfica Ltda.

Todos os direitos desta edição reservados à
Editora Senac São Paulo
Rua 24 de Maio, 208 – 3º andar – Centro – CEP 01041-000
Caixa Postal 1120 – CEP 01032-970 – São Paulo – SP
Tel. (11) 2187-4450 – Fax (11) 2187-4486
E-mail: editora@sp.senac.br
Home page: http://www.editorasenacsp.com.br

© Editora Senac São Paulo, 2013

sumário

Nota do editor 8

Apresentação 9

Eu, empreendedor? 15

Empreendedor de primeira viagem 23
    Empreendedorismo aqui e agora 33
    Alguns paradigmas do empreendedorismo 35

Novos oceanos azuis da economia criativa e da Quarta Revolução Industrial 45
    Crie seu oceano azul 48
    Economia criativa 51
    Quarta Revolução Industrial 56
    E eu com tudo isso? 56

Como ter ideias de negócios 65
    Não tenha ideias para ganhar dinheiro 68
    Como ter ideias de negócio 71

Eu tive uma ideia, e agora? 89
    A ideia em um guardanapo 93
    Canvas do Modelo de Negócio Ampliado 95
    Prototipagem rápida 101
    Effectuation 102
    Desenvolvimento do cliente 108
    Startup enxuta 111

Hora de inovar 117
    Desenvolvendo um negócio diferenciado 121
    Desenvolvendo um negócio inovador 126

Paixões, propósitos e ambições 141
    Quanto tempo dura uma paixão? 144
    Qual é o meu propósito? 150
    Qual é a minha ambição? 154

Minha ideia é uma oportunidade de negócio? 159
    O benefício central de uma oportunidade de negócio 162
    Os quatro elementos de uma oportunidade de negócio 165

Aumente as chances de sucesso do seu negócio **171**
    Falir é preciso. Planejar não é preciso 174
    O plano de negócio é um documento escrito 175
    O plano de negócio é uma oportunidade bem definida 181
    O plano de negócio é uma pirâmide de cartas 182
    O plano de negócio é um desfile de uma escola de samba 184
    O plano de negócio é um instrumento de venda 186

Plano de negócio para empreendedores de primeira viagem **189**
    O plano do seu negócio 194
    Oportunidade de negócio 194
    Apresentação de produto/serviço 199
    Análise do mercado consumidor 203
    Análise da concorrência 208
    Apresentação da empresa 212
    Planejamento de produção e operações 217
    Planejamento de marketing e vendas 221
    Planejamento de recursos humanos 225
    Planejamento financeiro 229

Colocando o barco na água **235**
    Sua carreira como empreendedor 238

Referências bibliográficas **242**

Nota do editor

Pode até parecer fácil, mas se tornar empreendedor requer muito planejamento e dedicação, pois não basta pegar uma ideia (ou algo de que se gosta) e transformá-la em negócio. É necessário estar preparado para pôr essa ideia em prática, saber se o ramo em que se atuará realmente é o melhor e estar disposto a enfrentar os muitos obstáculos e problemas diários que surgirão no dia a dia.

Empreendedorismo: elabore seu plano de negócio e faça a diferença! é destinado a empreendedores que têm outros objetivos além do lucro, aqueles que desejam desenvolver um negócio diferente e impactante, tendo a preocupação de melhorar o local onde vivem. Para tanto, a obra apresenta dicas de como transformar uma ideia que seja de fato criativa, inovadora e interessante em um plano de negócio.

Mas esse plano não deve ser preparado de qualquer jeito. Para ser válido, é necessário que ele esteja bem escrito, apresente a ideia e contemple diversas análises e planejamentos. Para ajudar o leitor nesse processo e mostrar que elaborar um plano não é um bicho de sete cabeças, o livro traz um jogo de baralho para que o empreendedor construa sua pirâmide de cartas à medida que desenvolve seu plano de negócio.

Com uma linguagem clara e leve, o Senac São Paulo mostra um caminho para que o empreendedor de primeira viagem desenvolva suas habilidades, esteja preparado para enfrentar as turbulências do mercado e alcance um caminho que o leve a fazer a diferença.

Apresentação

Empreendedorismo
Elabore seu plano de negócio e faça a diferença!

USO:

empreendedores, candidatos a empreendedores, alunos de empreendedorismo

COMPOSIÇÃO:

visão, identificação de oportunidades, soluções inovadoras e planejamento e criação de novos negócios de amplo impacto

INFORMAÇÕES AO LEITOR

ação esperada:
este livro foi escrito e organizado para inspirá-lo a ter um comportamento empreendedor no desenvolvimento de novos negócios e instruí-lo sobre como fazê-los ter amplo impacto.

indicações:
o livro é indicado para empreendedores que desejam planejar o desenvolvimento de negócios de amplo impacto, que têm outros objetivos além do lucro e também que se preocupam em realmente tornar o mundo melhor. É um desafio complexo, ainda mais porque todas as empresas estão sujeitas a críticas.

riscos:
este livro pode não ter nenhum efeito para pessoas interessadas no desenvolvimento de negócios mesquinhos e/ou não inovadores, pois aborda, principalmente, o empreendedorismo que visa à criação de novos negócios rentáveis, financeira, social e ambientalmente, ou seja, trata do empreendedorismo responsável que impacta positivamente na sociedade. Embora também trate desse tema, o livro aborda principalmente o empreendedorismo capitalista e a criação de novos negócios rentáveis financeira, social e ambientalmente.

modo de uso:
o livro é dividido em duas partes principais. A primeira trata da identificação

de oportunidades a partir da reflexão sobre como se pode ter um comportamento mais empreendedor, como analisar os problemas enfrentados pelas pessoas e/ou organizações, selecionar uma ideia de negócio e propor uma solução diferenciada ou inovadora que considere uma oportunidade. A segunda parte aborda as formas de planejamento dessa oportunidade, considerando técnicas mais interativas como design thinking, Canvas do Modelo de Negócio Ampliado, effectuation ou startup enxuta, ou mais tradicionais como a elaboração de um plano de negócio. O livro pode ser utilizado de forma completa, seguindo-se a ordem das páginas, de forma apenas interativa (parte inicial – capítulos "Eu, empreendedor?", "Empreendedor de primeira viagem" e "Novos oceanos azuis da economia criativa e da Quarta Revolução Industrial" e as técnicas interativas) ou ainda apenas da forma tradicional (parte inicial e o plano de negócio).

reações adversas:

o livro pode dar a sensação de que o empreendedorismo é algo romântico e, apesar de estar associado à realização de um sonho pessoal e à crença de que qualquer pessoa pode realizá-lo, ele também implica muita dedicação, muitos desafios, riscos, decepções e problemas diários. O cansaço e a frustração podem surgir de longas rotinas diárias de trabalho e da demora na obtenção dos resultados esperados. Além dos problemas operacionais, burocráticos e fiscais, o empreendedor precisa lidar com questões ligadas às pessoas, como problemas familiares, clientes insatisfeitos, funcionários medianos, concorrentes desleais, fornecedores incapacitados, além de saques, furtos, roubos e corrupção – problemas que também se podem enfrentar em outras situações profissionais. Daí a importância de você planejar um negócio que tenha um grande propósito que o inspire a continuar.

advertências:

uma vez empreendedor, sempre empreendedor. Quando desenvolver esse comportamento, você se tornará um ser inquieto e insatisfeito. Mas, ao contrário de outras pessoas insatisfeitas que possa conhecer, você tomará a iniciativa para resolver o seu problema. Empreendedores sempre tentam melhorar o seu mundo. Este livro o convida para usar essa capacidade de melhorar o mundo em que vivemos por meio de mais e melhores negócios de amplo impacto.

INFORMAÇÕES TÉCNICAS

empreendedor:

há muitas definições para o termo, mas neste livro o empreendedor é a pessoa que pensa e age sobre oportunidades com criatividade e inovação para gerar valor individual e coletivo. Ser um empreendedor não se limita às pessoas que abrem um negócio próprio; o comportamento empreendedor existe em todos os setores, em todos os níveis de carreira, em todos os momentos da vida, como afirmam Birley e Muzyka. O uso do termo em sua versão masculina e singular foi apenas um recurso de texto, não estabelecendo relação com gênero (masculino ou feminino) e número (singular ou plural).

empreendedor de amplo impacto:

o empreendedor de amplo impacto não é aquele mercenário que só pensa na oportunidade de negócio que traga o maior retorno financeiro possível. Empresários assim quase sempre são mesquinhos e exploram clientes, colaboradores, fornecedores e parceiros somente para aumentar sua fortuna pessoal. Como cliente, colaborador, fornecedor ou parceiro de um negócio

assim, você não teria nenhuma motivação para continuar comprando, trabalhando, fornecendo ou ajudando esse tipo de empresa a prosperar. O empreendedor de amplo impacto quer liderar um negócio lucrativo, mas que também tenha impacto positivo no mundo. Há vários empreendedores que têm ou tinham esse intuito. Reflita sobre a frase de Henry Ford: "As empresas precisam ter o lucro como objetivo; do contrário, elas morrem. Mas se uma empresa é orientada apenas para ter lucro também morrerá, porque não terá mais nenhum motivo para existir." Você pode até criticar, por exemplo, o fato de que os de carros poluem o ambiente, mas no momento da elaboração da ideia o empreendedor tinha propósitos mais amplos do que os de seus concorrentes que só se preocupavam em "ganhar mais dinheiro". Infelizmente, os negócios crescem, empreendedores iniciais deixam suas empresas, e novos acionistas podem levar a empresa para outras direções. Mas, enquanto estiverem no controle, empreendedores de amplo impacto defendem a crença resumida na frase de John Mackey, cofundador da Whole Foods, uma rede norte-americana de varejo especializada em produtos naturais, orgânicos e sustentáveis: "Não há nenhum motivo aparente por que um negócio não possa ser ético, responsável socialmente e lucrativo." E John Mackey tem conseguido se manter como um empreendedor de amplo impacto, apesar das inúmeras críticas que recebe.

produto:
optou-se, para simplificar, pela utilização do termo "produto" neste livro. Mas todo o conteúdo também é válido para serviço, suas versões no plural (produtos, serviços) e a combinação de ambos (produtos e serviços).

sobre o texto:
a linguagem simples, do dia a dia, prevalece ao longo do livro. O uso de gírias é comum, e há um esforço no uso de linguagem visual para transformar conceitos teóricos complexos em figuras simples, a fim de se facilitar a reflexão e o aprendizado.

exemplos:
os exemplos utilizados foram escolhidos propositalmente para mostrar a sabedoria de empreendedores brasileiros e estrangeiros. Houve um cuidado especial na escolha das passagens e exemplos de empreendedores estrangeiros para que também fossem relevantes para o contexto nacional. Os exemplos de empresas que faturam bilhões de dólares podem parecer bem distantes da sua realidade, mas é preciso lembrar que todas começaram muito pequenas e com recursos bastante limitados. As referências bibliográficas que constam nos exemplos e passagens são úteis para que se tenha a oportunidade de conhecer um pouco mais a respeito de alguns empreendedores.

abordagem do estilingue:
o texto foi escrito considerando-se que o empreendedor tem recursos reduzidos e limitados, se comparados com os das grandes empresas. Enquanto o empreendedor pode contar com poucas armas, a grande empresa tem a sua disposição os mais avançados aparatos de guerra. Segundo essa lógica, o empreendedor usa a abordagem do estilingue em detrimento da abordagem da arma de fogo com mira a laser e visão noturna das grandes empresas, comumente observadas nos livros de administração e negócios. A escolha dos exemplos foi orientada para mostrar como grandes empreendedores criaram grandes negócios na base de estilingue, pedrada, mordida, pedaço de pau e areia no olho.

limitações:
Este livro não trata das questões burocráticas, legais e contábeis da abertura da empresa junto aos órgãos governamentais e reguladores. Também não lida com detalhes tributários de cada tipo de negócio. É importante que você tenha o apoio de especialistas nessas questões para orientá-lo.

Eu, empreendedor?

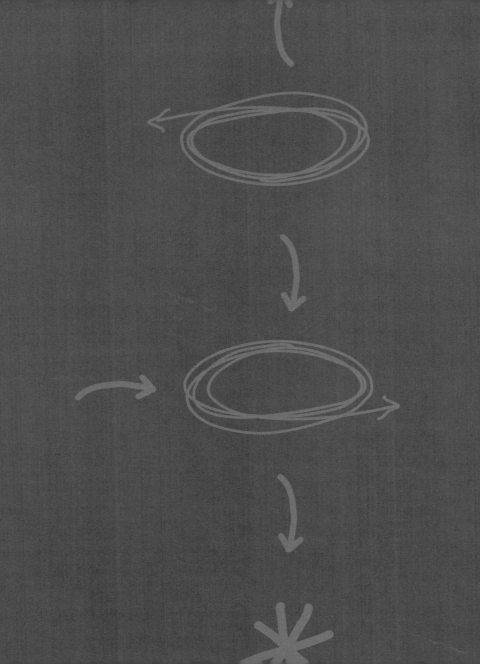

Para você não perder seu valioso tempo lendo algo que não lhe será útil, faça um teste de um minuto respondendo às seguintes perguntas:

Você acha importante pensar em uma segunda opção de carreira profissional, além de ser empregado até se aposentar?	ou	não é importante pensar na sua carreira agora?
Quer atuar no que realmente gosta de fazer?	ou	vai ficar reclamando do seu emprego até se aposentar?
Você tem prazer em fazer as coisas bem-feitas?	ou	faz tudo mais ou menos e gosta de ser tratado da mesma forma?
Quer fazer diferente e quer fazer a diferença?	ou	quer ter uma vida sem nada para se orgulhar?

A primeira pergunta trata de um tema que é e ainda será um dos principais da sua vida: **carreira profissional**. Responda rápido: O que é ter uma carreira profissional de sucesso para você?

Não pense que carreira é apenas ter um emprego de sucesso. Carreira profissional pode não se resumir a servir uma organização por um período determinado ou indeterminado.

Sabe qual a origem da palavra "trabalho"?

> A palavra "trabalho" vem do latim *tripalium*, que era um instrumento de tortura composto por "três paus" ao qual as pessoas eram amarradas e torturadas.

Pense em algo além de ter um **emprego** dado por alguém, ser um simples **funcionário** em uma organização ou ser torturado no **trabalho**. Se ainda não se convenceu da importância de ter algo mais além de um simples emprego, pense positivamente que você é capaz de ter um comportamento mais empreendedor! Isso vale para qualquer trabalhador. Cada vez mais as empresas são pressionadas pela concorrência, e os colaboradores em todos os níveis que estão sendo mais valorizados são os que identificam oportunidades para o negócio e que conseguem transformá-las em bons resultados para a firma, seja aumentando as vendas ou reduzindo os custos. Isso é ser empreendedor dentro de uma organização! Muitos chamam esse comportamento de **intraempreendedorismo** ou **empreendedorismo corporativo**. Quem quiser ter um bom emprego para o resto da vida, vai ter que ter um comportamento empreendedor!

É importante ter um plano B quando não estiver satisfeito com sua função. A saída de Walter Elias, um jovem com pouco mais de 20 anos que não conseguia encontrar um bom emprego, foi abrir um negócio próprio. O sobrenome de Walt, como era mais conhecido, era Disney. **"Quando não se consegue um emprego, você abre seu próprio negócio"**, dizia Walt Disney.

Mas considere que a sua outra opção de carreira seja ser dono do seu próprio negócio. Essa é a face mais conhecida do empreendedorismo. E é disso que este livro trata!

Quer pensar em uma segunda opção de carreira profissional, além daquela de ser empregado até se aposentar?

Essa pergunta está relacionada com a realização pessoal e sua carreira profissional. Você quer atuar profissionalmente com algo que traga realmente motivação e orgulho pessoal? Algo que queira aprender cada vez mais e cujos resultados tenha orgulho de compartilhar com sua família e seus amigos? Foi mais ou menos isso que Luiz Seabra fez ao largar seu emprego em uma multinacional norte-americana para criar um negócio próprio que aumentasse a autoestima das pessoas. Mais de quarenta anos depois, a "empresinha" que Seabra fundou, a Natura Cosméticos, se tornou líder de mercado, mas mantém o mesmo ideal daquilo que era só um sonho em 1969.

Quer atuar no que realmente gosta de fazer?

Essa questão está relacionada a Alexandre, o Médio (ver p. 21). Sabe o que ele fez? Será que ele é lembrado porque só fazia as coisas de qualquer jeito? Ele sempre fazia as coisas porque tinha que fazer, sem se preocupar em dar o melhor de si. Esse sujeito "médio" é, na verdade, mediano. Quantos Alexandres, os Médios, você conhece? Gostaria de trabalhar com um? Você o contrataria?

> Pergunte a seus familiares, amigos, colegas e conhecidos. Ou você tem medo das respostas?

Será que você realmente se esforça para fazer sempre as coisas bem-feitas?

Se sim, vários empreendedores de sucesso pensam como você. Um deles, Steven Paul, um jovem de então 21 anos, vendeu seu carro, uma Kombi (bem) usada, juntou US$ 1.250,00 com um amigo, e os dois montaram uma empresa que tenta, o tempo todo, se destacar dos produtos "médios" do mercado. Assim como Disney, o sobrenome de Steven, que é Jobs, tornou-se um mito. E assim como a Natura, a empresa de Jobs, a Apple, é admirada pelos grandes produtos que lança.

Se você respondeu sim às três perguntas anteriores, este livro foi feito para você que quer fazer diferente e fazer a diferença!

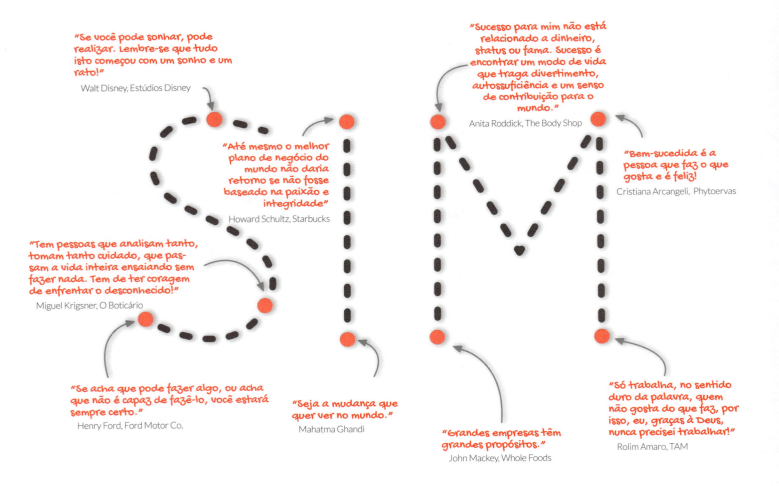

Alexandre, o Médio

Você já deve ter ouvido falar de Alexandre, o Grande, uma espécie de ícone da geração Y da Antiguidade, pois conquistou o mundo antes dos 30 anos de idade. Mas tenho certeza de que também conhece Alexandre, o Médio. Alexandre, o Grande, não foi só um jovem rei da Macedônia, foi o senhor do Ocidente e do Oriente e o sujeito mais rico de toda a história da humanidade, com uma fortuna estimada em mais de um trilhão de dólares em valores atualizados. Mesmo nessa condição, afirmava que não era o poder ou suas posses que o tornavam grande, mas seu conhecimento sobre o que é excelência. Prova disso foi a escolha de um homem chamado Aristóteles como seu mentor.

Celebridades sempre influenciaram pais na escolha de nomes para seus filhos. E em 330 a.C., quando Alexandre, o Grande, atingiu seu auge, não era diferente.

Nesse ano, nasceu Alexandre, filho de um casal de comerciantes médios de Persépolis, uma cidade que se localizava no atual Irã. Alexandre era o filho do meio e veio ao mundo nem muito gordo nem muito magro, nem alto nem baixo. Na infância, não se destacava nas brincadeiras com os amigos e tampouco se esforçava em ser o melhor aluno da classe, mas também não era o pior. Quando jovem, entrou para o exército e contentou-se em ficar na infantaria, pois era o grupo mais numeroso.

Assim, suas chances de ser chamado para liderar as tropas não seriam grandes. Nos combates, ele preferia ficar nas fileiras do meio, pois dessa forma entraria em campo quando a batalha já tivesse uma indicação de resultado. Seus colegas passaram a chamá-lo de Alexandre, o Médio.

Nunca se soube qual foi o destino final de Alexandre, o Médio, pois ele desapareceu em meio a tantas guerras depois que o Império Alexandrino foi desmantelado. Dizem que ele nunca chegou a morrer porque não queria subir aos céus e tampouco descer para o inferno, preferindo ficar vagando na Terra, influenciando pessoas e organizações.

Se você não acredita em fantasmas, volte ao passado e reflita sobre quantos colegas da sua classe eram médios – não eram os melhores, tampouco os piores. Nas empresas em que você trabalhou, quantos eram médios?

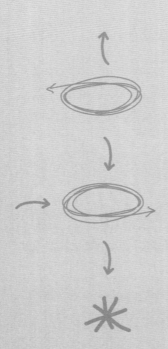

Pense em quantas empresas lhe venderam produtos e serviços médios – nem tão bons nem tão ruins.

Agora responda a essas mesmas perguntas trocando "quantos" por "quem". É bem provável que você tenha dificuldades para se lembrar do nome daquele colega de classe ou de trabalho mediano ou do nome daquele restaurante ou hotel a que você foi e em que a experiência foi bem média.

No fim do dia, o médio se torna invisível porque não se destaca. Para evitar que o mundo se torne cada vez mais médio, conheça, valorize, compre e divulgue o trabalho de vários novos empreendedores que buscam lhe oferecer uma grande experiência inovadora de consumo e que ao mesmo tempo estão comprometidos com um mundo melhor.

Muitos empreendedores do passado até possuíam esses mesmos grandes objetivos, mas suas empresas foram se tornando médias à medida que cresciam.

Na verdade, Alexandre, o Médio, nunca existiu. Mesmo assim, ele está em nós quando fazemos coisas médias, trabalhamos em organizações médias e compramos de empresas médias. Nessas situações, não somos apenas invisíveis, somos medíocres.

Empreendedor de primeira viagem

Se respondeu sim a todas as questões do capítulo anterior, você é um empreendedor de primeira viagem e, com certeza, tem vontade, mas talvez não se sinta preparado para abrir seu próprio negócio.

Este é o melhor momento para **refletir** sobre a **importância do comportamento empreendedor na sua vida pessoal e profissional**. Já percebeu como o tempo passa cada vez mais rápido? Ainda outro dia, era adolescente. De repente, tornou-se adulto, e a vida começa a passar cada vez mais rápido. É segunda-feira e, sem perceber, já é sexta, e novamente segunda. De filhos, nos tornamos pais, e a vida cada vez corre mais rápido. E já temos 30, 40, 50 anos. E num belo dia acordamos idosos.

Se você tem mais de 18 anos, sabe como a vida está passando cada vez mais rápido. A novidade é que, se ainda não tem 70 anos, sua chance de chegar "lá" é, estatisticamente, maior. Portanto, prepare-se para chegar aos 70 anos bem, muito bem!

Porém o problema para a maioria das pessoas é: como se preparar para ter uma velhice feliz e uma trajetória de vida que o encha de orgulho? Ou você quer se tornar um velhinho triste, amargo e que só reclama da vida? É uma mensagem batida, mas seu futuro depende de você!

Vamos pensar no seu futuro! Se ainda não chegou lá, imagine-se com 70 anos. Será uma pessoa feliz, realizada, orgulhosa da sua trajetória de vida e uma referência inspiradora para seus familiares, amigos e conhecidos. No entanto, você só obtete esse sucesso porque desde muito jovem recebeu um ensinamento que o guiou durante toda a vida. Qual seria esse ensinamento? Escreva-o no quadro a seguir.

O que você gostaria de ter sabido aos 20 anos?

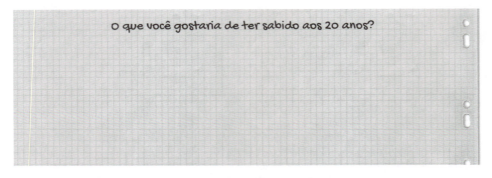

Quando essa pergunta é feita em sala de aula, às vezes aparecem algumas respostas como:

Não case tão cedo!
Ou, simplesmente, **Não case!**
Faça um bom plano de previdência!
Viva mais! Estude mais!
Não trabalhe tanto!
Tenha uma vida mais saudável!
Use filtro solar!

> Se não entendeu a mensagem do filtro solar, faça a busca no YouTube com as palavras "filtro solar" e "Pedro Bial".

Seja qual tenha sido a sua resposta, essa reflexão foi criada a partir de uma apresentação chamada "O que eu gostaria de ter sabido aos 20 anos de idade", feita pela professora Tina Seelig, diretora executiva do Stanford Technology Venture Program (STVP) e uma das mais admiradas (e queridas) professoras de empreendedorismo em todo o mundo.

> Apresentação disponível em: http://ecorner.stanford.edu/authorMaterialInfo.html?mid=1549. Acesso em: 1º-8-2013. Dessa apresentação, resultou o livro *Se eu soubesse aos 20...*

Apresentação disponível em: http://ecorner.stanford.edu/authorMaterialInfo.html?mid=26&author=26. Acesso em: 1º-8-2013.

Nessa apresentação, Tina mostrou dez mensagens que passou ao seu filho, então com 17 anos e prestes a sair de casa para ganhar o mundo. Antes de mostrá-las, aproveitou para discutir as mensagens com outros colegas da Universidade de Stanford e executivos que trabalhavam em empresas situadas nas vizinhanças da cidade, ou seja, no Vale do Silício, a região que concentra o maior número de empreendedores de sucesso.

São estas as dez mensagens que Tina passou para o seu filho:

1. Todo problema é uma oportunidade para uma solução criativa!

É comum reclamarmos de um problema. Em nosso trabalho, tentamos ficar bem longe deles. Mas uma coisa é certa: quanto mais problemas resolvemos, mais fortes nos tornamos. Se conversar com um diretor ou presidente de uma empresa, perceberá que ele subiu na carreira por ser capaz de identificar e resolver conflitos, não por fugir deles. A essência dessa mensagem foi dada por Vinod Khosla – cofundador da Sun Microsystem, que depois se tornou investidor, trabalhando para o fundo Kleiner, Perkins, Caufield & Byers (um dos maiores e mais importantes fundos de capital de risco no mundo) – em uma apresentação em Stanford. Para Khosla, todo problema é uma grande oportunidade de negócio. Quando maior ele for, maior será a oportunidade de negócio, pois haverá mais pessoas querendo pagar para que o conflito seja resolvido. E Tina reforça que todo problema é uma oportunidade para uma solução criativa.

2. Quanto mais eu trabalho, mais sorte tenho!

Esse ensinamento é muito semelhante à frase "quanto mais eu pratico, mais sorte tenho", supostamente dita por Gary Players, um famoso golfista sul-africano. Mas o que é "praticar mais" no mundo do empreendedor?

"É preciso estar na posição certa para ter sorte", explica Tina. Ela apresenta os resultados de uma pesquisa sobre pessoas com sorte conduzida por Richard Wiseman (2003), da Universidade Hertfordshire (Inglaterra). Wiseman explica que as pessoas que se consideram sortudas são mais simpáticas, mais amigáveis, mais abertas a novas experiências, mais satisfeitas com suas vidas e mais otimistas. Estatisticamente falando, Wiseman constatou que pessoas sortudas sorriem duas vezes mais do que as azaradas. Pessoas sortudas participam de mais eventos sociais e também viajam mais. Leia o que diz Marcel Malczewski, fundador da Bematech, maior empresa de automação comercial do Brasil:

> Sorte é fundamental. Na realidade você chama um monte de coisas de sorte. É uma conjunção de aspectos, de coincidências, que nem sempre são coincidências, é você estar no lugar certo na hora certa. Você ajuda a sorte a acontecer. Trabalhar pra caramba, estar aceso, ligado, conectado com o mundo, para daí encontrar as oportunidades e saber desenvolvê-las.

3. Encontre uma interseção entre interesse, conhecimento e mercado!

O conselho mais comum quando temos 16, 17 ou 18 anos e vamos prestar o vestibular é: faça aquilo que você gosta (ou com que mais se identifique) ou siga sua paixão pessoal. Outros pensam só naquilo que pode dar mais dinheiro. Algo parecido é mencionado quando se pensa em abrir um negócio. Tina alerta sobre o fato de que ter uma carreira de sucesso com felicidade vai além daquilo que você gosta. Ao optar por um curso na faculdade ou abrir um negócio, é preciso buscar alternativas em uma zona de interseção entre aquilo por que você tem interesse (do que você gosta), conhecimento (transformado em competência) e mercado (pessoas que querem pagar pelo seu conhecimento). Se não prestar atenção à zona de interseção, você terá uma das seguintes opções:

- **Só interesse:** você terá um hobby, um passatempo (e estará desempregado).
- **Só conhecimento:** você será um especialista (e estará desempregado).
- **Interesse e mercado:** eterno candidato a uma vaga de emprego ou a ter um negócio de sucesso.
- **Conhecimento e mercado:** emprego (chato) ou dono de um negócio (chato).

Tente achar essa interseção para os seus interesses, conhecimentos e mercado, utilizando o modelo apresentado na página 30.

4. Tente muitas coisas e mantenha as que funcionam.

Quem já se submeteu a uma entrevista de emprego talvez tenha passado pela experiência de citar seus pontos fracos ou dar exemplos de erros cometidos no passado. O propósito do entrevistador não é fazer com que o entrevistado se humilhe ou se sinta inferior na frente dele, mas entender como o candidato lida com seus erros. Tina explica que, se você não errar de vez em quando, na verdade, não está se arriscando o suficiente em novas experiências (lembra-se da questão de ter sorte?). Errar não é o problema (mas também não é preciso errar sempre). Pessoas criativas e inovadoras erram. O problema é não aprender com os erros!

5. Não espere ser convidado. Ofereça-se!

Qual é o tipo de profissional mais procurado pelas empresas? Acredito que seja aquele que **traz resultados acima daquilo que era esperado dele**. Para conseguir essa façanha, é preciso que o profissional se disponha a fazer mais do que está previsto na descrição de seu cargo. Como funcionários, muitas vezes nos escondemos na burocracia da hierarquia com o fatídico "isso não é problema meu" (lembra-se da relação problema e oportunidade?), ou esperamos a convocação do nosso superior para uma nova tarefa. Uma das histórias mais fascinantes sobre "Não espere ser convidado. Ofereça-se!" é de Laércio Cosentino, que passou de estagiário a diretor da Siga (e depois sócio da Microsiga, atual Totvs, líder brasileira de software de gestão empresarial) em apenas cinco anos. Ele conta que:

entrou como estagiário sem uma função definida. Para deixar de ser estagiário em curto espaço de tempo, elaborou uma estratégia: fazer tudo o que era solicitado rapidamente e perturbar o superior com mais tarefas. O objetivo era claro: acabar com os trabalhos rudimentares, fazer o superior ensinar e passar atividades que demorassem mais tempo e que agregassem conhecimento e cultura.

Análise ICM: interseção dos seus interesses e conhecimentos com demandas de mercado

data:

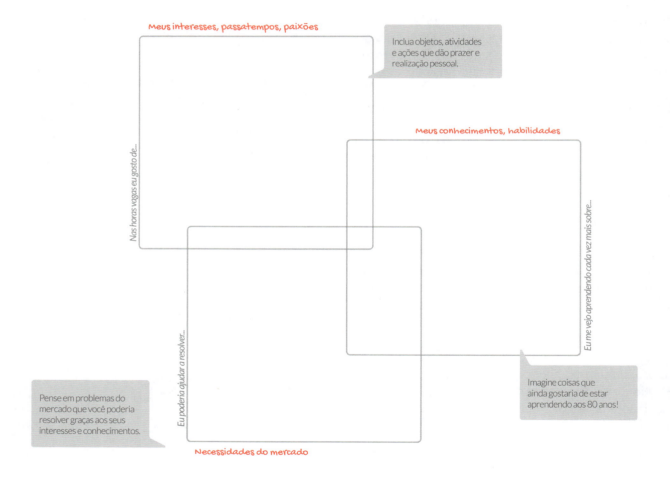

Workshop: utilize esta página para anotar suas ideias!

6. O mundo é pequeno. Não queime pontes!

Tina comenta que apenas cerca de cinquenta pessoas serão fundamentais em sua vida. Todas as outras farão parte da paisagem. Estas, seus amigos, colegas de trabalho, companheiros de escola, faculdade, serão sua rede de relacionamento e suas referências para trabalho e negócios. E essas pessoas conhecerão outras que conhecerão você em uma situação ou outra de negócios. Elas podem abrir (ou fechar) portas. A internet só tende a deixar o mundo ainda menor.

Você conseguiria captar US$ 2,5 milhões apenas com um pedaço de papel? Bom, foi isso que os engenheiros Gordon Moore e Robert Noyce conseguiram, ao abordar um velho conhecido chamado Arthur Rock em 1968. Os engenheiros precisavam de dinheiro para abrir um negócio próprio chamado NM Electronics, e Rock trabalhava com investimentos. Ao saber que os amigos precisavam de capital, não titubeou ao assinar um cheque de US$ 2,5 milhões, mas pediu que explicassem o que a NM Electronics produziria para que Rock justificasse a quantia a seus superiores. Logo em seguida, os engenheiros decidiram trocar o nome da empresa para Intel.

7. Você pode fazer tudo, mas não ao mesmo tempo!

Aqui cabe a reflexão: nós, de fato, estabelecemos objetivos e prioridades em nossa vida? Até que ponto somos fiéis ao planejamento de nossos objetivos e à realização de nossos sonhos? Tina destaca a importância de estabelecermos prioridades na vida e administrá-las com objetividade, pois é fácil nos perdermos em meio a tantas tarefas e obrigações do cotidiano. Dado que temos apenas 24 horas por dia, como podemos dividir esse tempo para a realização de nossos sonhos? Das atividades que temos, o que realmente é vital, importante, e o que é capricho e desnecessário? Não que a vida deva estar repleta de regras de comportamento, mas podemos **viver em equilíbrio com nossa vida particular e profissional**, com saúde e felicidade.

8. São as pequenas coisas que importam!

Tina explica a importância dos pequenos gestos, como dizer "obrigado" para alguém que dedicou um tempo a você. A mesma lógica serviria com um "por favor", ou mesmo um sorriso ao conversar. A mensagem é: **preocupe-se com os detalhes**. Um pequeno cartão torna o presente mais especial, detalhes são fundamentais nas grandes obras, e acidentes também podem ser causados por eles. A diferença entre um atendimento bom e um atendimento excelente de uma empresa está nos detalhes. Mesmo na condição de pessoa mais rica do mundo no momento em que seu livro foi escrito, Sam Walton, fundador da Walmart, a maior cadeia de varejo do mundo, ainda se lembrava (e se orgulhava) de como tinha aprendido a embrulhar um presente de forma bem bonita, usando pouco papel e fita.

9. Equipe em primeiro lugar!

A mensagem aqui vai além do fato de trabalhar em equipe. Tina explica a importância de ajudar todos da equipe a serem vitoriosos, pois, quanto mais você contribui para o sucesso das pessoas que o cercam, maior será o seu sucesso.

No Brasil, talvez ninguém tenha criado mais equipes vitoriosas do que Jorge Paulo Lemann, Marcel Hermann Telles e Beto Sicupira, os míticos fundadores do Banco Garantia e da GP Investimentos. Entre criações e recriações desse trio estão a AB/Inbev, Lojas Americanas, ALL, Submarino. Eles não conseguiram desenvolver grandes empresas apenas porque são exímios empreendedores, mas também porque sabem formar equipes vencedoras. A priori, a receita do grupo Garantia é bem simples: **"Sonhe grande, cerque-se de pessoas melhores do que você e trate todo mundo como gostaria de ser tratado"**, explica Beto Sicupira. **"Não acredito em braço direito. Acredito em estar junto a pessoas melhores do que você, com qualidades e conhecimentos diferentes dos seus"**.

10. Nunca perca uma oportunidade para ser fabuloso!

Se você tem uma chance para mostrar sua capacidade, seja no trabalho, no negócio, na escola, na faculdade, na comunidade, entre seus amigos, dê o seu melhor. Tina pergunta para que ser razoável ou bom quando você pode ser excelente. Se for começar algo, faça-o muito bem feito. Se essa não for a sua intenção, nem comece. Estará perdendo o seu tempo e o de outras pessoas que serão atingidas pelo seu trabalho. Um empreendedor que seguia integralmente esse ensinamento é Steve Jobs, cofundador da Apple. Jobs sempre foi um crítico severo das empresas medianas que oferecem produtos medianos. "Um ótimo carpinteiro não vai usar uma madeira ruim na parte de trás de uma estante, mesmo que ninguém a veja", disse certa vez. A obsessão de Jobs por desenvolver produtos fabulosos era traduzida em sua frase **"nós fazemos os ícones da tela parecerem tão bons que você irá querer lambê-los"**.

A reflexão proposta pela professora Tina, em sua essência, é uma receita para sermos mais empreendedores em nossas vidas, seja como funcionários de uma empresa ou donos do próprio negócio. Como empreendedor:

1 Onde há um problema, há uma oportunidade!

2 Prepare-se para ter sorte!

3 Faça uma coisa de que você goste, de que entenda e para a qual haja mercado!

4 Não tenha medo de arriscar. Inove!

5 Seja proativo!

6 Cultive relacionamentos!

7 Planeje. Estabeleça metas e prioridades!

8 Faça diferença nos detalhes!

9 O sucesso da sua equipe é o seu sucesso!

10 Faça sempre o seu melhor

11 _____

> Reescreva aqui o que gostaria de ter sabido aos 20 anos.

Talvez a sua mensagem não esteja entre as dez citadas pela professora Tina, mas isso não quer dizer que ela não tenha valor. Mesmo as mais diretas, do tipo "não case tão cedo", poderiam ter mudado sua vida se você soubesse disso com antecedência, aos 20 anos.

A minha mensagem não está na lista da professora Tina. Na verdade, ela nem é uma criação minha, mas algo destacado por Guy Kawasaki[1] em seu livro *A arte do começo* (2006). A minha mensagem seria:

Tenha significado!

Em outras palavras, tenha uma vida significativa para você e outras pessoas (quanto mais gente, melhor). Tenha uma trajetória de forma que, quando você chegar aos 70, 80 anos ou mais, possa olhar para trás e ter orgulho da sua contribuição para o desenvolvimento de um mundo melhor.

E a receita para ter significado pode ser muito simples:

Empreenda!

Ao adotar um comportamento empreendedor, você se torna não somente um profissional melhor, mas também uma pessoa melhor.

Empreendedorismo aqui e agora

Faça um teste: quando tiver a oportunidade de folhear uma revista, livro ou jornal publicado no Brasil, antes da década de 1990, procure pelos termos "empreendedor" e "empreendedorismo". É muito provável que não encontre nenhuma menção, ou, com sorte, encontrará

---

[1] Kawasaki, por sua vez, explica que essa abordagem foi inspirada nas palavras de John Doerr, investidor na Kleiner, Perkins, Caufield & Byers.

raríssimos exemplos em situações isoladas. Isso acontece mesmo quando as publicações são relacionadas com o mundo dos negócios.[2]

Agora faça o mesmo teste com referências semelhantes, mas publicadas a partir do final de década de 1990. Perceberá que o uso dos termos "empreendedor" e "empreendedorismo" começa a crescer substancialmente. Essa percepção pode ser rapidamente constatada se estiver em uma livraria ou biblioteca. Identifique livros escritos por autores brasileiros e veja a data da primeira edição; em quase todos os casos, esses livros foram lançados após o ano 2000.

Mas por que o empreendedorismo está se tornando cada vez mais popular no Brasil?

Imagino que você talvez tenha suas próprias respostas para esse fenômeno. Eu tenho as minhas. A emergência do empreendedorismo na sociedade brasileira é o resultado de uma série de modificações nas relações entre emprego, carreira e vida pessoal. As décadas de 1990, 2000 e 2010 trouxeram novidades para quem trabalha ou quer trabalhar. Observe:

- A nova geração de jovens (chamada de geração Y) não quer ter patrão. Eles querem mostrar que são capazes de fazer mais e melhor. São empreendedores natos.

- A concorrência intensificou-se em todos os setores. Se antes o embate era para ter custos menores, as empresas acirraram a competição pela qualidade, depois pela personalização (flexibilidade e rapidez) e agora a briga é pela inovação.

- Para quem trabalha em uma empresa privada, a manutenção do emprego é um desafio constante cuja complexidade cresce com o tempo de casa e a chegada de talentos mais jovens, ansiosos para apresentar resultados.

- Para quem é funcionário de grandes e médias empresas, principalmente, ter um emprego significa, cada vez mais, estar associado a um ou mais projetos.

- A evolução na carreira está mais associada à entrega (ou superação) de resultados do que a tempo de casa ou lealdade à empresa.

- A emergência de duas classes principais de funcionários: os que trabalham muito e os que estão desempregados. As duas classes estão insatisfeitas com a sua vida pessoal.

---

[2] O termo "empreendedorismo" só passou a constar dos dicionários brasileiros na década de 2000.

Não há mais emprego vitalício nas empresas privadas.[3]

Esse contexto está fazendo com que um número cada vez maior de pessoas comece a pensar no empreendedorismo como motor da carreira.

Ao mesmo tempo, a competição pela inovação está fazendo com que empresas passem a valorizar o empreendedorismo de seus funcionários.

Empreendedorismo é um modismo? Algum dia isso deixará de ser importante na sua carreira?

Eu acredito que não é um modismo. Por um lado, as empresas sempre serão pressionadas para obter melhores resultados, o que implica mais competitividade da organização e dos seus colaboradores. Por outro, haverá uma quantidade crescente da oferta de mão de obra. Mais jovens ávidos por ocupar seu espaço, além da concorrência com profissionais de outras regiões e países, e a globalização[4] tende a ter impactos cada vez maiores no mercado de trabalho no futuro.

Além dessas alterações, o sucesso do Plano Real e o controle da inflação, variáveis macroeconômicas (taxa de juros, câmbio, crescimento do PIB, etc.) estáveis e mais previsíveis, além do crescimento e do fortalecimento da classe média como geradora de demanda, entre outros elementos, contribuem para criar um ambiente mais favorável a novas oportunidades de negócios no Brasil e, consequentemente, a novos empreendedores.

Com todas essas alterações nas relações de emprego, carreira e vida pessoal, duas alternativas tornam-se cada vez mais relevantes para qualquer profissional:

- Ser empreendedor no seu emprego.
- Ser empreendedor no seu próprio negócio.

Alguns paradigmas do empreendedorismo

Há muita coisa sendo escrita e falada sobre empreendedorismo, seja no Brasil ou no exterior. O termo "empreendedorismo" está caindo na mesma situação do termo "paradigma", ou sua expressão mais conhecida: "quebra de paradigma", ou seja, a palavra existia, mas não era utilizada. A partir de um determinado momento, ele começa a aparecer em artigos, reportagens e livros até passar a ser utilizado pela população em geral. Para Thomas Khun (1978), físico e filósofo norte-americano, responsável pelo ponto de inflexão no uso do termo, paradigma é o conjunto de crenças, de valores reconhecidos

---

[3] Até funcionários públicos podem ter problemas se a instituição em que trabalham for privatizada.

[4] Assim como no passado brasileiros imigraram para outros países em busca de emprego, agora profissionais de outros países enxergam o Brasil como um país de oportunidades para desenvolvimento profissional.

35

e de técnicas comuns aos membros de um determinado grupo científico, e a quebra de paradigma ocorre quando esse conjunto é trocado por outro, totalmente novo em conceito e abordagem.

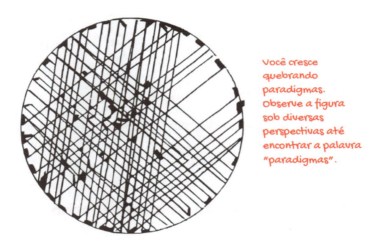

Você cresce quebrando paradigmas. Observe a figura sob diversas perspectivas até encontrar a palavra "paradigmas".

Figura 1. Por que devemos quebrar paradigmas? Fonte: Machado, 2004.

Paradigma 1: Eu não nasci empreendedor!

Algumas pessoas defendem que ser um empreendedor é algo genético, hereditário. Mas a maior corrente é determinista e acredita que o sujeito se torna empreendedor em razão daquilo a que ele é exposto. Caso contrário, cursos e livros de empreendedorismo não teriam o menor sentido. O problema é que há muitas pessoas que querem ser empreendedoras, mas não conseguem, seja por excesso de autocrítica, por receio de lidar com os riscos e incertezas, por não confiarem em si ou por puro conformismo. É preciso lembrar que empreendedorismo é um comportamento e, como tal, pode ser praticado e aperfeiçoado.

Paradigma 2: Eu não estou preparado para empreender!

Na verdade, nós nunca nos sentiremos verdadeiramente preparados para os grandes acontecimentos da vida. Não nos sentiremos preparados para pedir alguém em namoro, para uma entrevista para obter um emprego, para ter um filho, para abrir um negócio próprio. Se pesquisar, você vai encontrar exemplos de grandes empreendedores com pouco ou nenhum preparo prévio, como Samuel Klein da Casas Bahia, ou empreendedores que estudaram em boas faculdades e que tiveram experiências em gestão de negócio, como o brasileiro Michel "Mike" Krieger, cofundador do Instagram.

Paradigma 3: É muito cedo (ou muito tarde) para eu empreender!

Muitas pessoas acreditam que são muito jovens para empreender um novo negócio, sua autocrítica diz que precisam aprender mais trabalhando para outras empresas. Na outra ponta, há pessoas que acreditam que são muito velhas para empreender, que isso é coisa para os mais jovens.

Esse paradigma está relacionado ao anterior: quando você estará realmente preparado para empreender? Mark Zuckerberg criou o Facebook com 19 anos, Bill Gates tinha 20 anos quando se tornou o cofundador da Microsoft e Romero Rodrigues tinha 21 quando começou o Buscapé. Será que eles foram precipitados? Ou o ideal seria esperar chegar aos 40 anos, a idade de Ford quando fundou a Ford Motor, ou aos 60 anos como Roberto Marinho ao fundar as Organizações Globo?

Paradigma 4: Não encontro uma boa oportunidade de negócio!

Vai empreender? Prepare-se! Muita gente não vai acreditar no seu negócio.

Pense em empresas como Natura, Localiza, Gol Transportes Aéreos, Cofap, Arezzo. Quando Luiz Seabra, Salim Mattar, Constantino Júnior, Abraham Kasinski e Jefferson e Anderson Birman abriram essas empresas, respectivamente, havia muita descrença sobre a viabilidade do negócio, inclusive de pessoas muito próximas.

Jefferson Birman, fundador da empresa de calçados femininos Arezzo, explica que desde o primeiro dia em que ele e seu sócio e irmão, Anderson, decidiram que começariam uma fábrica de sapatos, ninguém nunca disse a eles que era um bom negócio, um projeto interessante. Sempre foram muito criticados.

Coloque-se em outra situação. Imagine criar um negócio que dependa da gasolina no momento em que seu preço dispara e há racionamento. Vai haver demanda para seu produto? Foi nesse cenário que Salim Mattar abriu a Localiza Rent a Car em 1973, uma locadora que começou com alguns fuscas usados.

Paradigma 5: Não tenho dinheiro para empreender!

"Capital não é escasso, mas a visão de negócios é." Essa frase é de Sam Walton, fundador da Walmart, mas poderia ser dita pela maioria dos empreendedores de sucesso.

Para os que não empreenderam ainda, o capital inicial é mencionado como uma das principais barreiras. Os já empreendedores sabem que desafio mesmo é visualizar uma boa oportunidade de negócio.

Por outro lado, dizer que um negócio começou sem nenhum capital é mentira. No entanto, você pode começar um negócio com R$ 12,00, como afirma ter feito o segundo camelô mais famoso do Brasil,[5] David Portes, que iniciou seu empreendimento com esse montante (emprestado).

De toda forma, boa parte dos negócios começa com as economias pessoais. Muitas vezes, não é um valor significativo. Steve Jobs e Steve Wozniak começaram a Apple com US$ 1.250. Para juntar esse valor, Jobs vendeu sua Kombi, e Wozniak vendeu sua calculadora científica HP. E há diversos outros exemplos no Brasil. A pesquisadora Flávia Pacheco escreve que Cristiana Arcangeli começou a Phytoervas com 180 mil cruzados, o equivalente a US$ 13 mil em julho de 1986. Ela conta que transformou uma pequena casa em uma fábrica, onde o setor de produção de cosméticos funcionava na cozinha.

Paradigma 6: Uma grande ideia de negócio é a parte mais importante!

O que aparece na mídia é o empreendedor, suas grandes ideias e conquistas. Mas por trás de um grande empreendedor, sempre há uma grande equipe. Muitos investidores de risco afirmam categoricamente que é preferível investir em uma ideia mediana com uma grande equipe a uma superideia de negócios com uma equipe mediana. Grandes equipes podem conseguir grandes resultados, mas equipes mais ou menos irão obter resultados medianos, na melhor das hipóteses. Montar uma boa equipe foi o que fez o investidor Arthur Rock, quando investiu no plano de negócio da Intel, ou quando os fundadores da Compaq, oriundos da Texas Instruments, conseguiram investimento baseado em uma ideia sugerida por um investidor. Os empreendedores de sucesso, na verdade, tiveram grandes equipes!

E você? Será que você tem outro paradigma para quebrar e iniciar sua carreira como empreendedor?

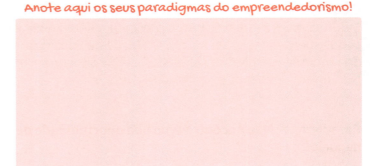

Anote aqui os seus paradigmas do empreendedorismo!

Depois, discuta suas anotações com empreendedores, professores e colegas. Esses paradigmas têm mesmo sentido? Ou há outras formas de entendê-los ou mesmo superá-los?

---

5 O camelô mais famoso é Silvio Santos. Mais informações sobre David Ported disponíveis em: http://www.davidportes.com.br/. Acesso em: 1º-8-2013.

Não dirás meu nome em vão

Se, antes da década de 1990, o termo **empreendedorismo** nem sequer era mencionado pelos veículos de mídia no Brasil, nem era tratado como assunto importante nas faculdades, agora está ganhando status de prioridade. Há prêmios para a escolha dos empreendedores do ano, há publicações especializadas sobre o tema, empreendedores ganham espaço em todas as mídias, empresas estão contratando profissionais com comportamento empreendedor e investindo no intraempreendedorismo de seus funcionários. Tudo isso é muito bom, e todos os envolvidos só têm a ganhar com esses incentivos.

Mas, com a popularização do termo "empreendedorismo", seu significado tornou-se demasiadamente amplo, até chegarmos ao ponto de o termo ser associado com qualquer pessoa que abra um negócio.

A discussão torna-se mais polêmica quando se assume que há o **empreendedorismo por oportunidade** e o **empreendedorismo por necessidade**. O exemplo comum de empreendedorismo por necessidade é aquele sujeito que não conseguiu um emprego e virou um vendedor ambulante. Mas a pergunta que fica é se aquele vendedor ambulante que escolheu balas e doces para vender não vislumbrou nessas balas e doces uma oportunidade de negócio.

A discussão continua quando o tema é se o empreendedor nasce empreendedor ou se é possível formar empreendedores e avança sobre quais seriam as **características típicas de um empreendedor**.

No entanto, essas discussões apenas desviam o foco da questão fundamental para a abordagem do **desenvolvimento de negócios inovadores e sustentáveis**, proposta deste livro. Para atender ao nosso interesse, dois autores são suficientes para explicar o que é (e o que não é) empreendedorismo.

O primeiro autor é o economista **Joseph Schumpeter**, que publicou diversos livros e artigos sobre empreendedorismo na metade do século XX. Para muitos estudiosos, Schumpeter é a principal referência no assunto. Outros autores, como Mark Blaug, afirmam que há um empreendedorismo antes e outro depois de Schumpeter, tamanho foi seu impacto.

Para Schumpeter, o empreendedorismo está associado à **destruição criativa**, expressão que ele próprio havia criado. Destruição criativa é o fato de se criar algo novo e melhor que destrói o que já estava estabelecido. Um dos exemplos mais citados foi a atuação da Intel no lançamento dos seus microprocessadores 8086, 8088, 286, 386, 486, Pentium, etc., cujo objetivo era destruir seu produto anterior, antes que o concorrente o fizesse. Agindo assim, a empresa sempre estaria destruindo criativamente. Dessa forma, na abordagem schumpeteriana, o empreendedor é aquele capaz de destruir criativamente um negócio, o que pode ser feito por meio de:

- Introdução de novos produtos.
- Introdução de novos métodos de produção.
- Abertura de novos mercados.
- Desenvolvimento de novas fontes provedoras de matérias-primas e outros insumos.
- Criação de novas estruturas de mercado em uma indústria.

Em suma, para Schumpeter, **empreendedor é aquele que inova**.

Recentemente, o conceito de inovação foi ampliado. A terceira edição do Manual de Oslo (2005), considerado o principal documento mundial a respeito da inovação, define quatro tipos: **inovações de produto**, **inovações de processo**, **inovações organizacionais** e **inovações de marketing**.

Para simplificar, considere **inovação tudo aquilo que for novidade para o seu público-alvo**.[6]

O segundo autor que ajuda a consolidar o termo "empreendedorismo" é **Peter Drucker**, que é respeitado em diversas áreas da administração e também é uma referência em empreendedorismo. Em seu livro *Innovation and entrepreneurship* (Inovação e empreendedorismo), Drucker é categórico ao afirmar que "nem todo pequeno negócio é empreendedor e representa o empreendedorismo". E exemplifica:

> O marido e a mulher que abrem outra mercearia ou outro restaurante mexicano no subúrbio dos Estados Unidos, com certeza, correm um risco. Mas eles são empreendedores? Tudo o que eles fazem tem sido feito há muito tempo. Eles apostam no crescimento da popularidade do hábito de comer fora de casa, mas não criam novas experiências ou demandas. O McDonald's, por outro lado, é empreendedorismo. Não inventou nada [...]. Mas, aplicando conceitos gerenciais e técnicos [...], ampliou drasticamente o retorno dos recursos e criou um novo mercado e um novo consumidor.

Drucker só reforça a definição de empreendedor de Schumpeter, ao destacar o papel da inovação no processo empreendedor.

---

[6] Nem sempre essa definição simplificada é a mais adequada. Se a empresa estiver pensando em desenvolver uma estratégia de gestão de inovação, deverá conceber uma definição que possa ser planejada, mensurada e controlada. O Manual de Oslo pode ser útil nessa situação. Se a empresa for buscar recursos de agências governamentais que apoiam a inovação, como Finep, Fapesp, CNPq e BNDES, deverá entender como cada instituição define inovação e, caso a empresa tenha interesse em se beneficiar da Lei do Bem (Lei nº 11.196/2005), precisa se adequar ao que esta define como inovação.

A discussão sobre se algo é ou não inovador é muito polêmica. Para o empreendedor, basta a seu cliente perceber que está tendo acesso a um produto novo e melhor se comparado a outras soluções existentes.

Mas e aqueles que não inovam, o que são? Na abordagem de Drucker, essas pessoas são empresários que também exercem um papel importante na sociedade.[7]

Há diversas definições que associam empreendedorismo e inovação. A utilizada neste livro é a de Birley e Muzyka:

> Empreendedor é a pessoa que pensa e age sobre oportunidades com criatividade e inovação para gerar valor individual e coletivo. Empreendedor não é apenas aquele que começa o seu próprio negócio. O comportamento empreendedor existe em todos os setores, em todos os níveis de carreira, em todos os momentos da vida.

É importante destacar que há aquelas inovações de alcance mundial, algo totalmente novo para o mundo, como o iPhone da Apple ou o Viagra da Pfizer, mas também há inovações de alcance nacional, algo que é uma novidade para um país. Ou mesmo uma inovação regional, um novo produto, uma nova forma de organização para determinado local (uma cidade, por exemplo). Diante disso, empreendedores podem ter ideias de inovação ao visitar outras regiões ou países, assim como empreendedores em pequenas cidades podem ter acesso a ideias inovadoras para seu público local ao visitar outras cidades.

Também é possível pensar a inovação como um incremento, uma diferenciação, uma melhoria em algo que já existe.

A essência do empreendedorismo tratado neste livro é a criação de **negócios de amplo impacto**; em outras palavras, negócios diferenciados/inovadores, lucrativos e que ainda **contribuam para tornar o mundo melhor**.

O empreendedorismo de amplo impacto abrange outros conceitos já utilizados no Brasil, como empreendedorismo de alto impacto (conceito associado à evolução do faturamento da empresa), negócios sociais (associado ao impacto positivo para as pessoas de baixa renda) ou ainda empreendedorismo sustentável (negócios lucrativos e com baixo impacto negativo social e ambiental). O empreendedorismo de amplo impacto alinha-se a esses conceitos e também ao Movimento do Capitalismo Consciente,[8] liderado nos Estados Unidos pelo empre-

---

[7] No Brasil, ainda temos a categoria de autônomos, pessoas que trabalham por conta própria.

[8] Mais informações disponíveis em: http://www.consciouscapitalism.org. Acesso em: 23-4-2018.

endedor John Mackey, cofundador da Whole Foods que defende que **"não há nenhum motivo aparente por que um negócio não possa ser ético, responsável socialmente e lucrativo"**.

Voltando ao início deste capítulo, talvez você ainda tenha muitas dúvidas sobre se é ou não um empreendedor e se pode ser visionário e propor soluções inovadoras para um negócio de amplo impacto. Minha única recomendação é que não se preocupe demasiadamente com essas dúvidas. Primeiro porque mesmo os grandes empreendedores também têm esses dilemas, mesmo depois de terem sido bem-sucedidos, principalmente quanto às questões de serem visionários e proporem soluções inovadoras (Steve Jobs ficava muito apreensivo pouco antes de a Apple lançar produtos). Dúvidas sobre como o mercado vai reagir são uma constante para empreendedores inovadores. Em segundo lugar, nos próximos capítulos você aprenderá algumas técnicas sobre como ser mais visionário (saber identificar oportunidades de negócios) e como ser mais inovador.

Neste momento, o mais importante é que se sinta motivado e **acredite que você pode fazer diferente e pode fazer a diferença!**

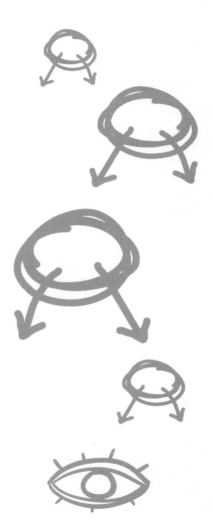

O Bartleby em todos nós

Não. Prefiro não. Prefiro não fazer. Prefiro não fazer isso. Ou mesmo aquilo. Eu sei, mas prefiro não. Sei fazer, mas prefiro não. Sei que é importante, mas prefiro não. Prefiro não agora. Prefiro não. Não. Até tentei colocar mais algumas palavras nas frases de Bartleby, mas ele prefere que não o faça.

Aclamado como uma das obras literárias mais importantes para a humanidade, Bartleby é o título e o personagem principal do conto escrito em 1853 por Herman Melville, mais famoso por Moby Dick.

Na história, Bartleby é auxiliar em um escritório em Wall Street. Tudo vai bem até que certo dia, ao ser requisitado para revisar um documento, ele simplesmente responde: "Prefiro não fazer". Depois que a irritação passa, seu chefe tenta entender por que ele age daquela forma. E Bartleby continua preferindo não fazer cada vez mais coisas. E, um dia, morre de fome. Preferiu não comer. Mas ele preferiu não ir embora e passou a existir em todos nós e nas coisas que preferimos não fazer em nosso dia a dia.

Coisas triviais como preferir não se dedicar mais aos estudos e depois sentir falta de um conhecimento específico no futuro, preferir não apostar no seu talento pessoal e depois reclamar de suas condições de trabalho e preferir não ajudar o mundo a ser melhor e depois ficar horrorizado com as notícias do jornal.

Para os que se incomodam com a síndrome de Bartleby há vários tratamentos. Um deles chegou ao Brasil em 1979, vindo do Vietnã, e se chama Thai Quang Nghia. Bartleby desaparece no momento em que Nghia surge entre nós. Ambos não falavam, não tinham dinheiro, nem perspectiva de futuro.

No entanto, Nghia só não falava, no início, porque não sabia uma só palavra em português. Resgatado por um navio da Petrobras no oceano Pacífico e fugindo do regime comunista de seu país, chegou ao Brasil só com a roupa do corpo. Sobreviveu nos primeiros meses com uma ajuda mensal de US$ 50,00 que recebia da Organização das Nações Unidas (ONU) como refugiado. Seu futuro parecia ser o mesmo dos outros que se refugiaram no Brasil: desconhecido.

Mas não é que Nghia preferiu estudar! Em um caderninho simples criou um dicionário vietnamita-português. Lia livros nas bibliotecas públicas no centro da cidade e nos sebos para aprender nosso idioma e prestar vestibular. Cinco anos depois, entrava no Instituto de Matemática e Estatística (IME/USP). Isso é uma humilhação para os Bartleby que querem atingir seus objetivos.

Nghia conseguiu um bom emprego na área de informática de um grande banco. Ganhava bem, mas preferiu apostar no seu talento de criar relações pessoais em vendas e fundou a Yepp, que depois se tornou a Goóc, empresa de comercialização de bolsas e calçados. Para quem já foi um náufrago e chegou ao país sem nada, começar um novo negócio era um desafio mentalmente simples. Isso é uma provocação para os Bartleby que não querem apostar em seus potenciais.

Mas Nghia não queria montar um negócio qualquer, queria devolver as coisas boas que tinha recebido do país que o acolheu. Com isso, a Goóc especializou-se em moda sustentável há mais de duas décadas, quando sustentabilidade era apenas um princípio da física.

Isso é uma inspiração para os Bartleby que querem mudar o mundo. É bem provável que você prefira não decorar o nome desse tratamento para a Síndrome de Bartleby. Mas tenho certeza de que não se esquecerá do seu princípio ativo: empreendedorismo. É isso que nos torna menos Bartleby e mais a expressão de nós mesmos.

Novos oceanos azuis da economia criativa e da Quarta Revolução Industrial

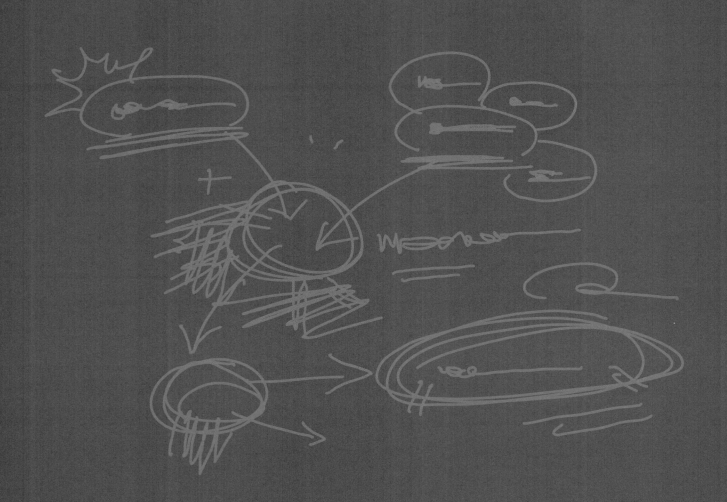

Se você realmente pensa em empreender um novo negócio próprio, um novo projeto para a sua empresa ou mesmo algo novo em sua vida pessoal, reflita sobre este bate-papo:

É provável que tenha entendido a conversa, mas será que você realmente sabe o que é "queimar o filme", "lado B", "virar a fita" e "cair a ficha"? Mesmo que não saiba o significado e/ou a origem dessas expressões, este é o momento para buscar informações que acendam definitivamente sua vontade empreendedora!

As frases do bate-papo anterior caracterizam não apenas gírias utilizadas por uma geração, mas também tecnologias que se tornaram obsoletas em pouco tempo. Ainda (com muita dificuldade) é possível encontrar filmes fotográficos que, se não forem bem manuseados, queimam-se com a exposição à luz. Também é possível comprar discos de música de vinil, em lojas de discos usados, que têm dois lados (A e B). Se for fuçar em coisas velhas, talvez ainda encontre fitas cassetes de música que gravavam sessenta minutos em dois lados. Ouviam-se trinta minutos de um lado e depois era preciso virar a fita para continuar ouvindo o resto. Agora, se quiser encontrar uma ficha utilizada em orelhões públicos para efetuar as chamadas, você vai ter que gastar sola de sapato em feiras de antiguidades.

É claro que o mundo mudou muito nos últimos anos. O que assusta é a velocidade dessas mudanças. Olhe para o seu telefone celular e tente se lembrar da primeira vez em que viu um aparelho telefônico portátil. Era maior, muito mais pesado e só servia como "telefone". E hoje em dia? Muitas pessoas utilizam seus celulares para diversas coisas e só de vez em quando como "telefones".

Pense nos serviços que utiliza atualmente. Boa parte deles é também feita via internet (e cada vez mais via internet móvel).

Se o seu pai, aos 20 anos, dissesse para o seu avô que faria um filme, seu avô possivelmente não iria prestar atenção. Era algo tão fora da realidade ter uma filmadora, rolos de filme ou fitas, contratar atores, etc., que seu avô iria achar que era uma brincadeira qualquer do seu pai. Se hoje você disser para o seu pai que vai fazer um filme, é possível que ele também não preste muita atenção. Afinal, você já fez tantos vídeos (é possível que até com o seu telefone), já postou outros tantos na internet e conquistou uma legião de seguidores on-line.

Da mesma forma, se o seu pai dissesse ao seu avô que iria montar uma loja para vender qualquer coisa, este iria perguntar: Vai vender o quê? Com que dinheiro? Atualmente, você pode criar uma loja virtual e vender seus livros usados em poucos minutos.

Se pesquisar, encontrará muitas pessoas que estão aproveitando essas rápidas mudanças para empreender negócios muito criativos.

E você pode ser uma delas! Para que isso ocorra, três novos conceitos podem ser úteis neste momento: oceanos azuis, economia criativa e Quarta Revolução Industrial.

Crie seu oceano azul

Quantos produtos e serviços que você tem a sua disposição nos dias atuais não existiam há cinco ou dez anos? Não precisa pensar em produtos de alta tecnologia. Pense em negócios simples como as lojas que só vendem brigadeiros! O brigadeiro existe há décadas, mas aí alguém pensou em criar uma loja de doces especializada! Ou analise as temakerias.[1] O *temaki* também existe há muito tempo, mas aí alguém pensou em criar uma empresa que só vendesse isso. A lista seria enorme se considerássemos empreendedores que criaram negócios tão inovadores que não tinham concorrentes diretos quando foram lançados.

Dois professores da escola francesa de negócio Insead, Chan Kim e Renée Mauborgne (2005), chamaram essa situação de oceano azul em seu livro A *estratégia do oceano azul*. Nessa obra, os autores apresentam o conceito de oceano vermelho, uma área onde os competidores de um mercado travam uma batalha sangrenta por participações de mercado e defendem que as empresas visionárias, na verdade, criam seus próprios oceanos (azuis), nos quais a concorrência inexiste ou ainda não é muito relevante.

Um dos melhores exemplos citados no livro de criadores de oceanos azuis é o Cirque du Soleil, que conseguiu rein-

---

[1] Aqui são mencionadas brigaderias e temakerias apenas como exemplos de negócios que não existiam antes. Se tiver uma ideia de negócio, analise se o negócio pensado é um daqueles que estão na moda, mas que depois desaparecem com a mesma velocidade com que surgem.

ventar o conceito de circo e se posicionar, quase que sozinho, em um mercado bastante rentável de entretenimento.

Na mesma lógica da estratégia do oceano azul, as empresas Google e Amazon conseguiram, de certa forma, organizar novos mercados: propaganda *on-line* e comércio eletrônico.

No Brasil, diversos empreendedores também conseguiram criar (e sustentar) seus oceanos azuis, como Mário Chady e Eduardo Ourivio da rede Spoleto. A ideia é simples: escolher uma massa, ingredientes para o molho, aquecer e pronto. Alexandre Tadeu da Costa descobriu que seus chocolates em embalagens atrativas eram ótimas opções de presentes em datas comemorativas e posicionou a Cacau Show no mercado de "lembrancinhas" e não no de chocolates, no qual estavam todos os seus concorrentes. Esses exemplos mostram que mesmo em mercados muito vermelhos é possível criar oceanos azuis, pois já havia muitas redes de *fast-food* de comida italiana e lojas que vendiam chocolates antes do Spoleto e da Cacau Show.

Se você vislumbrar um negócio inovador, tem boas condições de também criar o seu oceano azul. Se apenas copiar o que já vem sendo feito no mercado, então ajudará a tingir de vermelho um oceano em que outros concorrentes já estão brigando ferozmente. A escolha é sua!

Porém, se não se sentir capaz de imaginar um negócio que possa criar um novo oceano azul no seu mercado (cidade, região, estado, país, mundo), procure conhecer um pouco mais sobre a trajetória das empresas citadas neste capítulo. Guy Laliberté, fundador do Cirque du Soleil, era um artista de rua; Mário Chady e Eduardo Ourivio, da rede Spoleto, começaram com uma loja muito pequena num canto de um *shopping*, e Alexandre Tadeu da Costa só tinha 17 anos e US$ 500 emprestados do tio quando começou a vender ovos de Páscoa de porta a porta em um bairro da cidade de São Paulo.

Assim, se a sua empresa ainda está muito longe de um oceano azul, que tal criar um rio ou um lago azul? Para empresas nascentes, isso já é um ótimo começo.

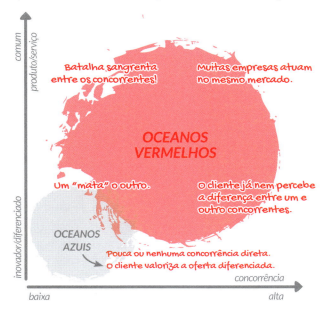

Figura 2. Oceanos azuis e vermelhos
Fonte: adaptado de Kim e Mauborgne (2005).

Como criar um lago azul?

É verdade que muitos empreendedores que criaram oceanos azuis não tinham essa preocupação no início. Alguns simplesmente buscavam uma forma de ganhar dinheiro e, só depois de algum tempo, se deram conta de que tinham criado um tipo de mercado consumidor. Outros já pensam na fase de planejamento do novo negócio, na possibilidade de criar um empreendimento que atenda a um diferente mercado consumidor.

Alexandre Tadeu da Costa era jovem, tinha entrado na faculdade de administração, trabalhava na empresa dos pais e não estava muito satisfeito com o que estava ganhando. Queria ganhar mais e decidiu aproveitar a época de Páscoa para vender ovos na região da Casa Verde, em São Paulo. O negócio deu certo, e depois ele começou a vender trufas de chocolates no bairro, expandindo a linha de produtos e também conquistando novos clientes. Só depois de alguns anos, quando começou a ter lojas próprias, foi que Alexandre percebeu que havia um grande oceano azul na sua frente: a necessidade de as pessoas darem presentes pagando um valor mais acessível, uma vez que estava cada vez mais difícil dar presentes em ocasiões especiais como aniversários, amigos secretos ou retribuição de um favor. Antigamente, as pessoas davam vale-CDs ou vale-livros, mas isso passou a ser visto como impessoal. Muitas pessoas precisavam dar presentes, mas não sabiam como. Daí a ideia da Cacau Show de caprichar cada vez mais nos formatos e nas embalagens. Era uma forma de criar e/ou aumentar o valor percebido pelo cliente, que não dava apenas um chocolate (o qual poderia muito bem ser comprado no supermercado, pagando-se até menos), mas algo bonito, sofisticado e até mesmo surpreendente.

Em outro caso, Luiz Seabra, cofundador da Natura Cosméticos, tinha a real intenção de criar um oceano azul desde a fundação da empresa em 1969. Tanto que optou pelo nome Natura, quando todos os seus concorrentes utilizavam nomes afrancesados, acreditando que passavam uma mensagem mais sofisticada para seus consumidores. Natura remetia à natureza e a algo meio *hippie* na época. Seabra também não queria vender "cosméticos", mas algo que "aumentasse a autoestima" das suas clientes (é claro que por meio dos cosméticos). Assim, as clientes não compravam apenas um pote, mas recebiam um atendimento especial de Seabra, que se preocupava com o que estava acontecendo com suas clientes para só depois indicar um tratamento que chamava de cosmética terapêutica. Vinte anos depois, em 1989, a empresa ajustou um pouco a sua mensagem de aumentar a "autoestima" para aumentar o "bem-estar e estar bem" das pessoas, consolidando um oceano azul de produtos cosméticos associados à sustentabilidade. E é justamente esse "criar e/ou aumentar o valor percebido pelo cliente" que é a principal maneira de se formar um rio, lago ou oceano azul.

As empresas precisam ser muito criativas para oferecer algo que o cliente realmente valorize, queira comprar e pelo que eventualmente até pague mais, se comparado a uma solução similar.

E, para que isso ocorra, Kim e Mauborgne sugerem que o empreendedor pense naquilo que chamaram de inovação de valor, que pode ser obtida por:

Eliminação/redução de custos. Nesta situação, o empreendedor precisa descobrir custos que poderiam ser eliminados ou reduzidos para níveis muito mais baixos do que os praticados no mercado. Se conseguir isso, poderá oferecer produtos e serviços com preços mais baixos, o que será mais valorizado pelo mercado consumidor. Alberto Saraiva do Habib's segue esse pensamento, porque tem obsessão pela eliminação e redução de custos desnecessários para conseguir oferecer produtos mais baratos e de melhor qualidade. Da mesma forma, Guy Laliberté eliminou custos que teria, se tivesse optado por ter animais no seu circo.

Aumento/criação de valor. Além de reduzir e eliminar custos, o empreendedor também pode imaginar oportunidades de oferecer algo que tenha muito mais valor para o cliente, afinal, algo novo pode significar "algo mais". Muitos valorizam, por exemplo, um modelo de carro recém-lançado se comparado àquele mesmo modelo que já está há anos no mercado e que todo mundo já tem ou já teve. Além da questão da novidade ou inovação, há outras formas de agregar valor. O Spoleto, por exemplo, ao permitir a escolha dos itens pelo cliente, oferece um valor a mais, já que cada um pode personalizar e até ser mais criativo com a sua alimentação. Isso pode ser um atrativo para as pessoas que estão cansadas de comer em restaurantes de "pratos feitos". Da mesma forma, um cosmético da Natura pode ter mais valor para os que acreditam que têm acesso a um cosmético com a mesma excelência de qualidade dos concorrentes e adicionalmente contribuem para a sustentabilidade do planeta.

Portanto, se quiser empreender algo em um oceano azul, seja mais criativo nas formas de redução e eliminação de custos e aumento e criação de valor!

Economia criativa

Estamos vivendo a **era da criatividade**. Se ainda não percebeu isso, reflita sobre as seguintes situações:

- Como dois estudantes de Harvard, em seu dormitório, conseguem criar uma empresa como o Facebook com mais de um bilhão de usuários? Ou como dois jovens conseguem criar um aplicativo de fotos como o Instagram e depois vendê-lo por US$ 1 bilhão para o próprio Facebook? E a novidade é que ambas as empresas foram cofundadas por brasileiros: Eduardo Saverin (Facebook) e Mike Krieger (Instagram).

- Como um jovem, dentro de um quartinho de empregada, criou o Estante Virtual, que vende cerca de 10 mil livros por dia?[2] Não é por mês! Esses são os da-

---

[2] Base de dezembro de 2016.

dos da empresa que vende livros usados pela internet criada em 2005 por André Garcia. Ele estava fazendo mestrado em psicologia e tinha dificuldade de encontrar os livros, principalmente nos sebos. Então, resolveu ele próprio aprender a programar e criou um *site* que reúne, atualmente, mais de 1.300 sebos em mais de trezentas cidades brasileiras.

- Como um jovem funda, aos 23 anos, uma startup que capta milhões de investimento e expande-se para diversos países, sai da empresa para criar outra que tivesse mais impacto social e se torna, anos depois, um dos jovens mais inovadores do mundo, segundo a seleção da *MIT Technology Review* (BYRNES, 2017)? Essa é uma breve história de Tallis Gomes, cofundador da Easy Taxi e da Singu.

Esse é o mundo em que você vive agora!

Esse novo mundo já não é dividido apenas entre aqueles que têm dinheiro (capital) e os que só podem oferecer seu trabalho, mas entre os que têm acesso ao conhecimento e são criativos e os que não o são. Se tiver conhecimento, você pode montar um canal de YouTube e começar a ganhar algum dinheiro com propaganda sem praticamente nenhum investimento inicial.[3] Se buscar

---
3 É claro que vai precisar de computador ou smartphone e acesso à internet.

mais conhecimento, vai aprender a dar um visual atrativo para os seus vídeos e irá divulgá-los, utilizando recursos gratuitos das redes sociais e dos aplicativos móveis. Você irá ganhar um pouco mais de dinheiro, além de ajudar mais pessoas com as informações que divulgar em sua página. Com criatividade, irá utilizar uma abordagem diferente para postar as informações e atrairá ainda mais visitantes e ganhará mais dinheiro. Porém não precisa ser necessariamente um canal de vídeos. Você pode vender artesanato produzido por você ou seus conhecidos em *sites* que incentivam esse tipo de empreendedor-artesão como o Elo7, ou criar cursos *on-line* e vendê-los para interessados em todo o mundo por meio de plataformas como Udacity, Udemy e Coursera. Isso se tiver acesso às informações (tem de buscá-las na internet e conversar com as pessoas) e for criativo (neste livro, você verá que pode ser sempre mais criativo)!

Quer queira quer não, você está na era da economia criativa!

Para organizar um pouco o seu conhecimento, vou dar um pouco de informações históricas: você deve se lembrar da Revolução Industrial iniciada na Inglaterra. Não precisa saber que isso aconteceu na metade do século XVIII, mas vai se lembrar de que tal fato marcou a passagem da produção manual/artesanal para a produção mecanizada e em larga escala, graças a inventores como o britânico James Watt, que aperfeiçoou a máquina a vapor. A partir desse momento, só podia empreender quem era muito rico e pudesse investir muito dinheiro em grandes fábricas ou projetos. Ao sujeito mais pobre só restava ser empregado dos grandes capitalistas. O economista Karl Marx chamou isso de divisão entre capital e trabalho, e a Revolução Industrial marcou o início da chamada Era Industrial.

O problema é que a Era Industrial durou muito tempo (em muitas situações, ainda vivemos esse momento). A partir da década de 1980[4] e principalmente durante a década de 1990, o avanço da internet democratizou o acesso à informação, graças a outro britânico, o inglês Tim Berners-Lee, que criou a World Wide Web. A partir de então, qualquer pessoa poderia ter acesso a uma quantidade incomensurável de informação ao pesquisar na internet. A riqueza já não era só medida pelo dinheiro (capital) que a pessoa possuía, mas também pelo acesso às informações e pela capacidade de utilizá-las. Isso marcou o início da Era da Informação ou Era do Conhecimento. Empreendedores "sem capital" começaram a criar empresas como Apple, Microsoft, Cisco, Yahoo!, Amazon, Google e Facebook.

O acesso à informação também permitiu que pequenas empresas se mantivessem mais atualizadas no seu segmento. Uma pequena fábrica de mortadela no interior de São Paulo poderia saber como era o rótulo das principais mortadelas do mundo e acompanhar algum eventual lançamento no segmento. Em 1985, Nicholas Negroponte, cientista do MIT, lançou o livro *Vida digital*, no qual explicava que, no futuro, todas as coisas, de alguma forma, migrariam dos átomos (produtos/serviços físicos tangíveis) para os *bytes* (produtos/serviços digitais intangíveis). Ele estava certo em muitos aspectos: atualmente é possível fazer ligações gratuitas para qualquer lugar do planeta utilizando-se alguns *softwares*. Ou é possível ler um jornal de qualquer país ou região pela internet, porque o telefone e o jornal foram "digitalizados". Ainda continuamos vivendo fortemente a Era da Informação.

Muitos especialistas apontam que a próxima onda de crescimento será marcada pela criatividade, ou seja, não basta ter acesso à informação, mesmo porque isso já passa a ser uma *commodity*, pois o acesso às informações está se tornando cada vez mais comum. Uma nova descoberta científica pode ser conhecida por qualquer pessoa com acesso à internet em diversos lugares do mundo simultaneamente. Para que o conhecimento em si não se torne uma *commodity*, novamente outro britânico, Tony Blair, então primeiro-ministro do Reino Unido, pôs a criatividade como um dos pilares de crescimento da Grã-Bretanha a partir de 1997, quando criou políticas públicas de incentivo ao que chamou de indústrias criativas. É justo lembrar que esse tema já tinha sido defendido por Paul Keaton, primeiro-ministro da Austrália em 1994, porém é Tony Blair que tem levado a maior parte da fama. Em 2001, o inglês John Howkins lançou o livro

---

[4] Alguns autores defendem que esse processo começou antes, na década de 1950.

A economia criativa: como as pessoas ganham dinheiro a partir das suas ideias, que rapidamente se tornou referência no tema e, para muitos especialistas, marca o início da Era da Economia Criativa.

Indústria criativa x economia criativa

Ainda há um pouco de confusão no uso das expressões "indústrias criativas" e "economia criativa" e há várias definições criadas por diversos autores. Carla Reis, uma das principais especialistas brasileiras no assunto, explica que

> a profusão de interpretações conceituais não sugere uma linha comum. Caves, por exemplo, entende por indústrias criativas as relacionadas a artes, cultura e entretenimento em geral. Já para [John] Howkins, o divisor de águas da economia criativa seria o potencial de gerar direitos de propriedade intelectual (segundo o autor, a "moeda da economia criativa"), expandindo-se sua abrangência dos direitos.

Para que você não se aborreça com discussões sobre definições, vamos considerar a definição defendida por Reis:

> A economia criativa compreende setores e processos que têm como insumo a criatividade, em especial a cultura, para gerar localmente e distribuir globalmente bens e serviços com valor simbólico e econômico.

Além de criar novas oportunidades para negócios e gerar novos e melhores empregos, a economia criativa está ajudando a rejuvenescer a economia tradicional criada a partir da Era Industrial.

Tabela 1. Admirável mundo novo
Setores criativos movimentam a economia e alavancam atividades tradicionais, criando novos modelos de desenvolvimento.

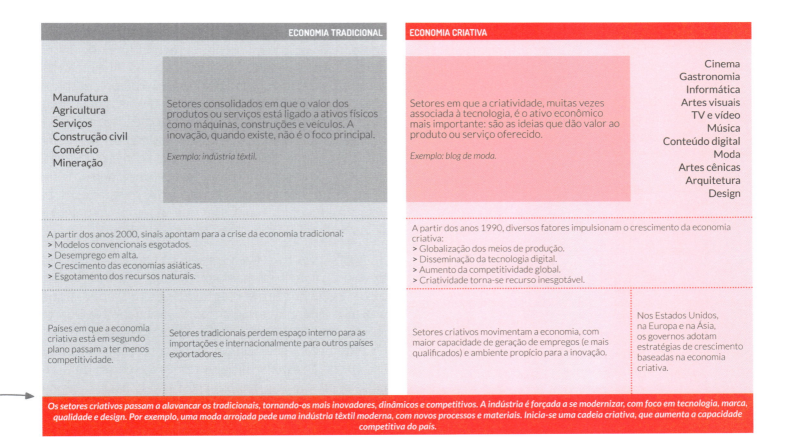

ECONOMIA TRADICIONAL	ECONOMIA CRIATIVA
Manufatura Agricultura Serviços Construção civil Comércio Mineração — Setores consolidados em que o valor dos produtos ou serviços está ligado a ativos físicos como máquinas, construções e veículos. A inovação, quando existe, não é o foco principal. *Exemplo: indústria têxtil.*	Setores em que a criatividade, muitas vezes associada à tecnologia, é o ativo econômico mais importante: são as ideias que dão valor ao produto ou serviço oferecido. *Exemplo: blog de moda.* — Cinema Gastronomia Informática Artes visuais TV e vídeo Música Conteúdo digital Moda Artes cênicas Arquitetura Design
A partir dos anos 2000, sinais apontam para a crise da economia tradicional: > Modelos convencionais esgotados. > Desemprego em alta. > Crescimento das economias asiáticas. > Esgotamento dos recursos naturais.	A partir dos anos 1990, diversos fatores impulsionam o crescimento da economia criativa: > Globalização dos meios de produção. > Disseminação da tecnologia digital. > Aumento da competitividade global. > Criatividade torna-se recurso inesgotável.
Países em que a economia criativa está em segundo plano passam a ter menos competitividade.	Setores tradicionais perdem espaço interno para as importações e internacionalmente para outros países exportadores.	Setores criativos movimentam a economia, com maior capacidade de geração de empregos (e mais qualificados) e ambiente propício para a inovação.	Nos Estados Unidos, na Europa e na Ásia, os governos adotam estratégias de crescimento baseadas na economia criativa.

Os setores criativos passam a alavancar os tradicionais, tornando-os mais inovadores, dinâmicos e competitivos. A indústria é forçada a se modernizar, com foco em tecnologia, marca, qualidade e design. Por exemplo, uma moda arrojada pede uma indústria têxtil moderna, com novos processos e materiais. Inicia-se uma cadeia criativa, que aumenta a capacidade competitiva do país.

Fonte: Lidia Goldenstein/PEGN, *apud* Gil, 2012, p. 59.

Quarta Revolução Industrial

No tópico anterior, refletimos sobre a Revolução Industrial ocorrida no século XVIII, caracterizada, principalmente, pela adoção de máquinas movidas a vapor, gerado a partir da queima de carvão. Antes disso, os produtos eram fabricados manualmente por artesãos em pequenas oficinas e fábricas. O tecido, por exemplo, era produzido quase da mesma forma que nos séculos anteriores. No entanto, com o uso das novas máquinas, os artesãos ficaram desempregados, pois não conseguiam competir em custo e até mesmo em qualidade (em alguns produtos) com as novas fábricas industriais. Por outro lado, surgiram oportunidades para empreender não só no setor industrial como também na distribuição e no varejo dos itens fabricados. Essa disrupção marcou o que ficou conhecido como Primeira Revolução Industrial.

A Segunda Revolução Industrial, que só foi ocorrer no século XIX, foi marcada pela divisão do trabalho e pelo uso da energia elétrica. Agora o operário não precisava entender de todo o processo de fabricação, pois executaria apenas uma função braçal e repetitiva. Além disso, as máquinas a vapor começaram a ser substituídas por equipamentos elétricos, muito menores e mais confiáveis. Com a introdução dessas duas disrupções, o empregado passou a ganhar menos – pois executava apenas uma função operacional simples e poderia ser substituído por qualquer outro – e as fábricas já não precisavam ficar perto de minas de carvão, expandindo-se, assim, para diversas outras áreas. Surgiram novas oportunidades em produtos e serviços, assim como na distribuição e varejo de novos itens de bens de consumo. Desse modo, a Segunda Revolução Industrial barateou o custo e, por consequência, o preço de itens que antes eram consumidos apenas pelos mais ricos.

Novamente, depois de 100 anos surge a chamada Terceira Revolução Industrial na segunda metade do século XX, agora caracterizada pela adoção da eletrônica, tecnologia da informação e automação de processos. A eletrônica permitiu o surgimento de diversos aparelhos para todos os fins, desde os eletrodomésticos mais comuns aos equipamentos utilizados nas empresas. A computação também passou a ser utilizada com a eletrônica, criando muitas oportunidades no novo mercado da computação. Empreendedores souberam aproveitar essa revolução e fundaram empresas que são ícones atualmente, por exemplo, Apple, Sony, Microsoft e Intel.

Agora vivemos o que vem sendo chamado de Quarta Revolução Industrial, marcada como a Era da Informação pelo surgimento de diversas tecnologias disruptivas, que podem criar grandes mudanças na sociedade. Na Quarta Revolução Industrial, tecnologias como mobile, robótica, automação, geolocalização, computação em nuvem (*cloud*), inteligência artificial, internet das coisas (IoT), ciência dos dados (big data), impressão 3-D, aprendizagem de máquina (*machine learning*), biotecnologia e *blockchain*, entre outras, estão sendo utilizadas em soluções inovadoras de forma integrada, ampliando ainda mais o impacto na vida das empresas e das pessoas.

Para os empreendedores mais atentos, a Quarta Revolução Industrial apresenta as maiores oportunidades que moldarão a sociedade deste século, mas isso requer que o empreendedor saiba não só aproveitar os avanços tecnológicos, mas também direcioná-los com as novas abordagens que essas tecnologias disruptivas permitem. Veja algumas a seguir:

Abordagens	Oportunidades de inovação na Era da Informação
Desmaterialização	Já não é necessário deter o bem material para criar um negócio. Por exemplo, antes um negócio de hospedagem demandava a construção de um hotel com vários quartos, mas quantos quartos tem o Airbnb?
Desintermediação	Diversos negócios do passado precisavam de alguém intermediando as transações. Era necessário, por exemplo, ligar para uma central de táxi para solicitar um carro. Hoje, o processo está totalmente desintermediado, já que aplicativos como o 99 permitem encontrar o táxi ou o motorista autônomo que estiver mais próximo.
Unbranding	A Quarta Revolução Industrial trouxe tantas inovações que muitos clientes preferem algo novo e desconhecido a uma solução tradicional. Em 2017, o Nubank tornou-se o cartão de crédito mais admirado no Brasil, deixando para trás todas as instituições financeiras tradicionais.
Economia do acesso	Com o uso da tecnologia não é necessário deter a posse de um bem ou mesmo de um conhecimento, basta acessá-lo quando necessitar. Entre outras funções, o YouTube tornou-se uma das maiores escolas do mundo, seja para resolver um problema complexo de física, seja para aprender a preparar uma moqueca capixaba.
Crowd power	Muitos novos negócios estão sendo baseados no poder das multidões. Em soluções *crowdsourcing*, várias pessoas contribuem para um mesmo tema. O GitHub, por exemplo, é uma grande iniciativa de *crowd power* em que milhões de desenvolvedores contribuem com desenvolvimento de softwares. Há também negócios de *crowdfunding*, em que as pessoas ajudam financeiramente determinado projeto, como os oferecidos pelo Kickstarter.
Reputation coin	A reputação agora é moeda e tem valor nas transações e prestações de serviços. O uso das novas tecnologias permite que as pessoas tenham muito mais poder e influência sobre os variados aspectos de um negócio, por exemplo, com relação à reputação dos serviços. Vale tanto para os serviços de reserva de hotéis, como TripAdvisor ou Booking.com, quanto para a contratação de serviços de terceiros, como GetNinjas (profissionais liberais) ou UpWork (programadores e designers).
Novos hábitos	As tecnologias da Quarta Revolução Industrial também estão criando novos hábitos. Um exemplo simples é o botão "curtir" das principais redes sociais. Por trás disso, há inúmeras oportunidades para conteúdo, propaganda e comércio eletrônico, por exemplo.
Descentralização (blockchain)	Talvez seja pelo uso do *blockchain* que surgirão diversas inovações disruptivas, já que essa abordagem tem o poder de eliminar intermediários, dar segurança às transações e oferecer informações confiáveis, tudo isso com agilidade e segurança. Os negócios em bitcoin são os mais conhecidos, mas há inúmeros outros que estão reinventando vários setores, em especial, o financeiro, o logístico e o da saúde.

Tabela 2. Novas abordagens de negócios na Quarta Revolução Industrial

E eu com tudo isso?

Você pode estar se perguntando sobre a utilidade da discussão de oceanos azuis e vermelhos e a evolução histórica das eras econômicas. Isso pode não cair em uma prova, mas com certeza fará parte da prova da sua vida.

Mais importante do que a teoria apresentada por Kim e Mauborgne (2005) a respeito das cores dos oceanos será a reflexão sobre se a sua atuação profissional é um oceano azul, vermelho ou em transição do azul para o vermelho. Isso vale para a empresa que está pensando em criar ou mesmo para o seu emprego atual ou futuro.

Pense no emprego de bancário. Em 1995, havia 209 bancos múltiplos no Brasil; em 2011 esse número despencou para 139. Nesse mesmo período, o número de bancários caiu de 791 mil para 507 mil. Isso não quer dizer que a atividade bancária recuou; muito pelo contrário, cresceu e hoje é uma das principais da economia brasileira. No entanto, houve um processo de concentração de instituições financeiras, e atualmente poucos bancos dominam o mercado, causando uma intensa competição de "peixes grandes", que tornam o oceano muito vermelho. Para o bancário o mar também "não está para peixe". A redução de postos de trabalho, principalmente em razão do processo de automatização, tem causado uma contínua insatisfação de quem trabalha no segmento. Ainda há outro problema na atuação do bancário. Muitas vezes o conhecimento profissional é tão especializado que muitos acreditam que só teriam valor em outra instituição bancária. Daí, muitos bancários tendem a encarar a sua profissão também dentro de um oceano vermelho.

Entretanto muitos outros profissionais também encaram seu mercado de trabalho como um imenso oceano vermelho que não para de crescer com a entrada de novos profissionais.

Se ainda não acredita que a sua carreira profissional está em um oceano vermelho, saiba que isso tende a acontecer algum dia. Muitas profissões consideradas "da moda" em pouco tempo estarão saturadas, e muitos encaram isso como uma boa oportunidade de carreira. Para não ficar "manchado de sangue", é preciso sempre ter em mente qual será o seu próximo oceano azul. Em outras palavras, como você poderia empreender seu emprego ou sua empresa em um contexto mais inovador, promissor e com (ainda) baixa concorrência. Aqui entra a sua capacidade de perceber as oportunidades da economia criativa.

Pense bem: a Era Industrial mudou a vida dos seus avós, pais e até a sua, já que muitos têm ou tiveram que trabalhar para "aqueles que detêm o capital". Tiveram (ou têm até hoje) que fazer greves e manifestações, exigindo melhores salários e condições de trabalho. Atualmente, muitos "empregados" questionam o motivo de se dedicarem tanto a uma empresa que, um belo dia, poderá demiti-los como a um equipamento que não tem mais utilidade. A Era Industrial, vista pelo lado do trabalhador, ainda cria o fantasma do desemprego e da alienação. Se prestar atenção, muitos trabalhadores apresentam-se como sendo fulanos "da empresa tal", como se o nome da empresa em que trabalham fosse o seu sobrenome. Quando perdem o emprego, desesperam-se não só porque perderam sua fonte de renda, mas também seu "sobrenome". Não há situação mais incômoda do que quando o recepcionista de um prédio pergunta seu nome e depois o fatídico "de onde?" ou "de que empresa?".

Muitas pessoas que ainda estão em busca de emprego vivenciarão as angústias atuais da Era Industrial, e muitas outras querem empreender justamente para fugir desses dilemas do assalariado, empregado que exerce uma função (funcionário) em uma empresa que não é sua.

Porém, se você não gosta muito dessa visão da Era Industrial, vai gostar da Era da Informação. Ela mudou seu modo de se relacionar com o mundo, seja com seus familiares e amigos, seja na forma de procurar um emprego, por exemplo. Mudou a maneira como viaja e como lê e compra um livro. Mudou até a forma como dorme, come e se diverte. Muitas pessoas passaram a dormir mais tarde porque precisam responder a mensagens de *e-mails* e redes sociais. Muitas pessoas buscam referências de restaurantes ou receitas de comida na internet. E tem gente que chama tudo isso de diversão!

Outra grande contribuição da Era da Informação: ampliou suas chances de se tornar empreendedor! Com todas as informações disponíveis na internet, você não pode fazer as reclamações típicas do empreendedor do passado, a saber:

Eu não tenho uma ideia para iniciar um negócio!

Você pode pensar em abrir uma franquia. Há várias informações sobre isso na internet. Nesse caso, comece pelo *site* da Associação Brasileira de Franchising (http://www.portaldofranchising.com.br). Se pensa em abrir um negócio próprio, há vários *sites* que apresentam negócios inovadores ao redor do mundo, como o Springwise (http://www.springwise.com).

Eu não tenho dinheiro para abrir um negócio!

Bancos oferecem financiamento para franquias. Pode haver pessoas físicas interessadas em investir no seu negócio na rede Anjos do Brasil (http://www.anjosdobrasil.net). Além disso, também considere a possibilidade de se tornar um empreendedor individual e começar um negócio com quase nenhum investimento inicial (http://www.portaldoempreendedor.gov.br).

Eu não sei como abrir um negócio!

Além deste livro, busque informações junto ao Sebrae Nacional (http://www.sebrae.com.br) e ao Sebrae de seu estado. Também visite *sites* de ONGs que apoiam o empreendedorismo no Brasil, como a Endeavor (http://www.endeavor.org.br) e a Artemísia (http://www.artemisia.org.br).

A nova era da economia criativa só ampliou suas chances e oportunidades de empreender. Mais do que isso: aumentou suas oportunidades de transformar suas paixões, interesses, competências e habilidades em um negócio inovador.

Como? Faça uma pesquisa a respeito dos vários novos negócios criativos que estão sendo criados ao redor do mundo.

Inicie conversando com amigos, conhecidos e professores sobre negócios criativos que eles viram em viagens, em revistas, em jornais ou na internet. Entenda por que eles acharam que tais ideias eram criativas.

Depois, acesse o *site* Springwise. Há dezenas de negócios criativos. Escolha o que julgar mais interessante e anote por que escolheu um e não outro.

Por fim, faça uma busca no Google. Palavras-chave como "negócio, criativo, inovador, empreendedor" e alguma palavra do seu interesse podem ser úteis. Inicie as buscas em português, mas também faça uma pesquisa em *sites* de língua inglesa.

Tenha curiosidade em conhecer negócios criativos ao redor do mundo, mesmo que eles não tenham nenhuma relação com o que você pretende fazer.

Todo bom empreendedor é antes de tudo uma pessoa curiosa.

Faça a conta

paixões
+
interesses pessoais
+
competências
+
habilidades
=
carreira e negócio

Projeto de pesquisa: por que não pensei nisso antes?

data:

Encontre três ideias de negócios muito criativos que você gostaria de ter tido. A primeira ideia deve ser obrigatoriamente relatada por um amigo ou conhecido. Fale com todo mundo que conheça até encontrar uma ideia de negócio que ache muito criativa. Se tiver dificuldade, está mais do que na hora de conhecer mais pessoas antenadas com o que está acontecendo no mundo. A segunda ideia deve vir do Springwise. E a terceira, de suas buscas na internet. Se tiver dificuldades de encontrar algo por meio do Google, muito provavelmente você precisa melhorar seus conhecimentos de navegação virtual. Para cada uma das ideias selecionadas, anote por que achou a ideia de negócio criativa. As ideias devem ser tão interessantes a ponto de você se questionar "por que não pensei nisso antes?".

Ideia de negócio	Como funciona?	Por que ela é (foi) muito criativa?
Dos seus amigos e conhecidos Negócio: País/região: *Site:*		
Do Springwise Negócio: País/região: *Site:*		
Da sua busca na internet Negócio: País/região: *Site:*		

Workshop: utilize esta página para anotar suas ideias!

O mnduo mduou ou fmoos nós?

8do bm? Se vc entendeu a msg até aqui, blz! Você está acompanhando e não perseguindo uma nova geração de pessoas que processa informações de uma forma muito diferente daqueles que se lembram de Valdir Peres, Leandro, Oscar, Luisinho e Júnior; Falcão, Sócrates e Zico; Cerezo, Serginho e Éder. Essa nova geração lê qualquer livrinho de quinhentas páginas de Rowling ou Tolkien em três dias ou menos. Cseougnem essa porzea prouqe não leem cada letra e palavra como faziam os que sabem que não foi Dasaiev que escreveu *Guerra e paz*.

O que está acontecendo quando essas gerações se encontram na sala de aula? De um lado, professores que ainda se lembram do Júnior de 1982. Do outro, alunos que, quando muito, se lembram de Júnior Baiano ou Roque Júnior. Nesse momento, só haveria burburinhos, risadinhas, e ouviríamos algo como Sandy e Junior ou Fábio Junior. Adeus, aula.

Mas toda generalização é injusta. Há os bons professores e os alunos aplicados. Isso é observado em todos os níveis da educação, e o resultado final desse processo culmina com o tão sonhado emprego.

Essa nova geração, no entanto, está cada vez mais incomodada com a ideia de ser empregada para alguma coisa. Foge da estabilidade e é ávida por desafios constantes. Quando um emprego já não é desafiador, muda de empresa como migra do Orkut para o Facebook, do MSN para o Twitter e do *notebook* para o iPad.

É em um mundo de mudanças rápidas e contínuas que o tema empreendedorismo tem sido cada vez mais analisado pelas instituições de ensino. Muitos líderes acadêmicos já chegaram à conclusão de que formar um ótimo engenheiro de alimentos que talvez seja contratado por uma empresa alimentícia já não é suficiente.

É preciso formar engenheiros empreendedores que saibam aplicar seu conhecimento de forma inovadora em qualquer contexto e limitação de recursos. O mesmo vale para dentistas, geógrafos, físicos, oceanógrafos, administradores e até para os mestres e doutores em todas as áreas. O conhecimento aplicado de forma empreendedora tende a produzir mais e melhores benefícios para todos.

Nos últimos anos, boa parte das melhores instituições de ensino superior do Brasil tem disseminado o empreendedorismo como disciplina curricular nos cursos de graduação e pós. Mas educação empreendedora exige um novo conteúdo muito mais pragmático, um novo método de aprendizagem muito mais interativo e vivencial e um novo tipo de professor, menos autoritário e mais integrador de conhecimentos e experiências.

As melhores iniciativas de educação empreendedora no mundo incentivam o docente a abandonar, de forma planejada, seu tradicional papel de professor para se posicionar como um facilitador. Assim, ele ajuda o participante a aprender a partir da sua realidade, ele não ensina de forma dogmática.

Essa abordagem deve estimular o participante a empreender, a pensar grande e a mudar o mundo, com ética, por meio dos seus negócios. Nesse programa, os participantes tendem a se desconectar, pelo menos momentaneamente, dos seus Facebooks, Twitters e iPads para tratar de Mark Zuckerberg, Jack Dorsey, Steve Jobs e vários outros empreendedores. Ninguém mais fala do Júnior... Só um engraçadinho que lembra que o cofundador da Microsoft também poderia ser chamado de Bill Gates Júnior.

Sua experiência com educação empreendedora é (foi) assim?

Como ter ideias de negócio

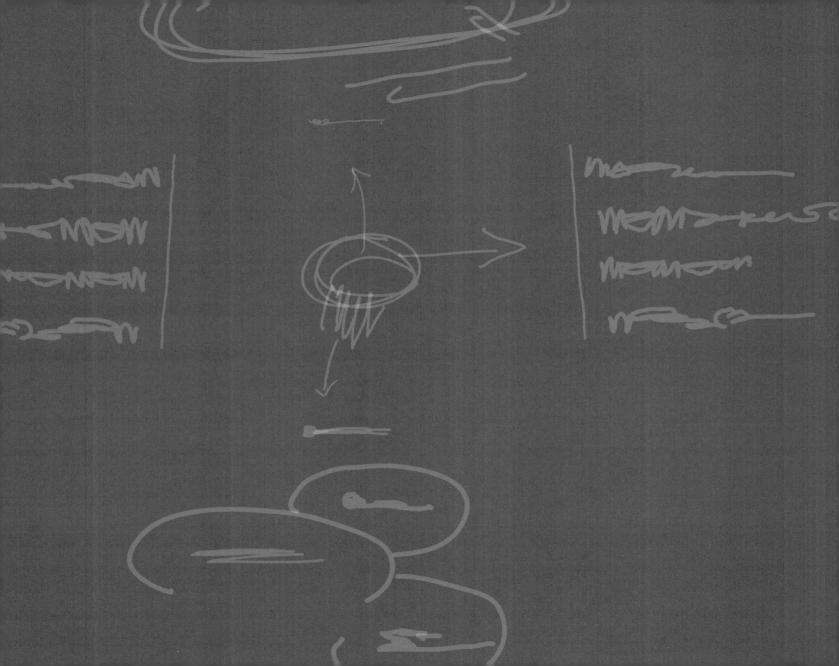

Quem pensa em abrir um negócio próprio se depara com várias barreiras mentais que podem servir como desculpas para não empreender. Reflita sobre algumas:

Quando as desculpas a respeito do risco, da quantidade de horas trabalhadas e da falta de dinheiro para empreender se vão, pode vir a desculpa de não conseguir vislumbrar uma boa ideia de negócio. Muitas pessoas acham que não são capazes de ter boas ideias de negócio. Outras, depois de muito esforço, chegam à conclusão de que sua ideia já existe. Pessoas assim pensam como Charles Duwell, chefe do escritório de patentes do governo norte-americano que certa vez soltou a célebre frase: "Tudo o que poderia ser inventado já foi". E, se você pensa assim, tem a mesma opinião de Duwell, um especialista em patentes, inovação e novas ideias.

Vídeos na internet
Como é possível criar ótimas empresas praticamente sem dinheiro? Veja os vídeos dos fundadores da Cacau Show e Beleza Natural disponíveis em http://www.endeavor.org.br.

Mas sabia que até os especialistas erram? Duwell disse esta frase em 1899 (final do século XIX) e muita coisa foi inventada desde então. Por isso sua frase se tornou famosa, pois demonstra incapacidade de reconhecer que a sociedade e a tecnologia estão em constante mudança. Se, de um lado, os especialistas podem errar, do outro, pessoas simples podem ter ideias geniais. Alguns anos depois de Duwell ter dito esta frase, uma dona de casa da Alemanha, cansada de lavar seu coador de café de pano, inventou um de papel que era descartável. Foi assim que Melitta Bentz tornou seu nome sinônimo de café no mundo inteiro. Neste contexto, todas as pessoas podem ter boas ideias de negócio

Não tenha ideias para ganhar dinheiro

Muitas pessoas começam um negócio com o propósito errado: *ganhar dinheiro*. Alguns vão além: querem *ganhar o máximo de dinheiro possível*. Além de ser um objetivo mesquinho, é uma motivação míope, que quase sempre leva à criação de negócios que morrerão cedo. Aqueles que pensam dessa forma entendem que ganhar o "máximo de dinheiro" significa ter o maior lucro líquido possível.[1] Mas o lucro líquido é apenas a última linha do Demonstrativo de Resultados do Exercício (DRE). Antes, é preciso adicionar as vendas e subtrair os custos, impostos, gastos e despesas da empresa. O empresário mesquinho tentará cobrar o maior preço possível do cliente e pagar os piores salários, além de negociar com fornecedores duvidosos, que oferecem preços baixos, e até sonegar impostos para ter o *maior lucro possível*. Negócios assim oferecem produtos e serviços ruins (muitas vezes caros), com péssimo atendimento feito por funcionários desmotivados e desinteressados.

Imagine um empresário mesquinho que queira ganhar o "máximo de dinheiro possível" com um restaurante. Que preços cobraria? Como seria a qualidade da comida? Quem seriam seus fornecedores? Qual salário pagaria a seus empregados? E a pergunta final: quanto tempo duraria um restaurante desses?

---

[1] Na verdade, seu propósito deveria ser a obtenção do maior nível de fluxo líquido de caixa.

É por essa razão que vários defensores do empreendedorismo explicam que lucro é consequência (de um bom trabalho), e não a causa (motivação) principal de um negócio. Como já explicado, lucro é a última linha do DRE, ou seja, é a consequência de um bom nível de vendas e de uma empresa operacionalmente eficiente.

	MERCENÁRIO	**MISSIONÁRIO**
Você é movido pela	☐ Direção, foco	☐ Paixão
Você é mais	☐ Oportunista	☐ Estratégico
É mais voltado para	☐ O discurso (*pitch*), o negócio	☐ Grandes ideias, parcerias
Acredita que um negócio é uma	☐ Corrida de curta distância (*sprint*)	☐ Maratona, corrida longa
Você é mais	☐ Obcecado pela competição	☐ Obcecado pelo cliente
As pessoas acreditam que você é mais	☐ Aristocrático, quer mandar	☐ Meritocrático, a melhor ideia ganha
Tem mais interesse em	☐ Demonstrativos financeiros	☐ Missão, valores
As pessoas acham que você é mais um	☐ Líder da matilha	☐ Mentor, instrutor de times
Seu objetivo principal com o negócio é a	☐ Aposentadoria	☐ Contribuição para um mundo melhor
O que você quer com o seu negócio?	☐ Fazer dinheiro	☐ Ter significado
Para você é importante ter	☐ Sucesso	☐ Significado

Tabela 3. Você é um empreendedor mais mercenário ou missionário?
Fonte: Doerr, 2005.

No entendimento de John Doerr, um dos mais conhecidos investidores do Vale do Silício, há empreendedores mercenários (motivados pelo dinheiro) e empreendedores missionários (motivados por levar o benefício do negócio ao maior número de pessoas). Para Doerr, os empreendedores missionários trazem melhores resultados, pois são mais comprometidos em criar um grande produto ou serviço, são mais persistentes e resilientes, e criam negócios mais atraentes para outros profissionais talentosos.

Para ser um empreendedor missionário, Guy Kawasaki, outro investidor bastante respeitado no Vale do Silício, explica que a pessoa precisa buscar o verdadeiro significado para o seu negócio e que isso só pode ser atingido se:

- **seu negócio melhorar a qualidade de vida.** Seu negócio deve contribuir para que seus clientes tenham um cotidiano melhor. Se souber como o cliente é atendido hoje, conversar com outras pessoas para debater o assunto e for criativo, terá diversas ideias sobre como levar melhorias à vida do cliente de qualquer negócio!

- **seu negócio deve consertar algo errado.** O negócio em si já deveria solucionar o problema do cliente, pois visa atender às necessidades dele, mas também pode contribuir para evitar outros problemas.

> Pense em uma ideia simples: uma determinada loja de roupas que aceite receber pilhas e baterias usadas para que depois sejam encaminhadas para reciclagem ou descartadas corretamente. Isso seria uma forma de contribuição para consertar algo errado, já que essas pilhas poderiam ser descartadas de forma irresponsável. Mas essa é apenas uma ideia simples, há dezenas de outras que poderiam ser implementadas no seu futuro negócio.

- **seu negócio deve evitar o fim de algo bom.** Seu negócio, de forma direta ou indireta, deve contribuir para que uma coisa boa não seja extinta. Se não é caso de extinção, pelo menos seu negócio pode incentivar o surgimento de algumas coisas boas.

> Outra ideia simples: pense em um lava-rápido que incentive a leitura. Nesse caso, o estabelecimento receberia doações de livros que poderiam ser lidos/emprestados/trocados pelos usuários e funcionários. As doações também poderiam ser encaminhadas para escolas da região. Seria uma forma de incentivar a leitura, criando novos leitores.

Nesse contexto, não pense em abrir um negócio para ganhar dinheiro, mas sim em criar um negócio cujo benefício você terá orgulho de levar ao maior número de clientes. Esse orgulho será maior ainda, pois seu empreendimento melhorará a qualidade de vida das pessoas, contribuirá para consertar algo errado e agirá para evitar o fim de algo bom.

Pensando e agindo dessa forma, a tendência é que crie negócios diferenciados realmente comprometidos com o melhor produto/serviço para o cliente. Bons lucros são apenas consequência de um grande trabalho!

Antes de começar a pensar em ideias para a sua empresa, reflita sobre como poderia ser mais missionário (e menos mercenário) na identificação de uma oportunidade de negócio.

> **Dá para fazer!**
>
> Consegue imaginar um negócio mais mercenário do que criar um banco? Não desses para se sentar, mas os que emprestam dinheiro, abrem contas correntes e fornecem serviços bancários. Um banco, em sua essência, é um negócio para criar mais dinheiro. Para atingir esse objetivo, compra dinheiro barato (capta depósitos) e vende caro (empréstimos, financiamentos) e ainda presta outros serviços.
>
> Se você já perdeu as esperanças de encontrar um banco "bondoso", precisa conhecer o Banco Grameen, de Bangladesh, país vizinho da Índia. Ele foi fundado pelo professor Muhammad Yunus[2] em 1976. A ideia surgiu quando ele emprestou cerca de 27 dólares para 42 mulheres muito pobres que precisavam de dinheiro para produzir artesanato e, com isso, garantir sua subsistência. Ficou surpreso com o fato de que todas pagaram os empréstimos, motivando-o a aumentar a iniciativa: fazer pequenos empréstimos para, principalmente, mulheres pobres que queriam empreender algo. Atualmente essa iniciativa é conhecida como microcrédito.
>
> Em outubro de 2011, o banco atendia cerca de 8,3 milhões de pessoas (97% eram mulheres) por meio de 2,6 mil agências, que atendiam 81,4 mil vilarejos em Bangladesh.

[2] Em 2006, ele recebeu o Prêmio Nobel da Paz pelo seu trabalho à frente do Banco Grameen.

Como ter ideias de negócios

Muitas pessoas têm ideias de negócios em situações informais. Podem estar andando em um shopping ou visitando uma nova cidade e se depararem com um negócio de que gostam. Ou isso pode acontecer em conversas com amigos para os quais contam o sonho de abrir um negócio. Mas também há pessoas que nunca tiveram essa preocupação ou aquelas que realmente não sabem ou até têm vergonha de contar quais negócios gostariam de ter.

Outros ainda podem querer abrir um negócio cujo ramo está na moda ou por influência do sucesso que algum conhecido está tendo.

Mas antes de sair tendo ideias é preciso entender que a escolha de um negócio próprio é uma das decisões mais sérias da vida.

Nem sempre a melhor ideia de negócio do mundo é a melhor oportunidade de negócio para você!

Para ter ideias de negócio que sejam boas para você e para o mercado, é preciso gerar alternativas para que você possa escolher qual melhor se enquadraria nas suas expectativas. Você pode iniciar a geração de ideias a partir de dois contextos:

¤ Perfil pessoal.

¤ Dinâmica do mercado.

Geração de ideias a partir do seu perfil pessoal

Uma das melhores formas de gerar ideias de negócio é refletir quem você é. O que gosta de fazer? No que acredita? O que faz bem? Que tipo de conhecimento domina? Em outras palavras: quais são suas preferências, paixões, crenças, competências e conhecimentos?

Para simplificar a reflexão, pense, neste momento, em coisas de que gosta (coisas tangíveis como roupas, livros, animais, etc.) e que gosta de fazer (coisas intangíveis: organizar, cozinhar, ler, viajar, etc.). Converse com pessoas conhecidas e ouça opiniões a respeito de você, pois alguns dos seus gostos só são notados por outras pessoas.

Não pense em ideias de negócio neste momento. Apenas anote seus gostos.

Esta reflexão é difícil para a maioria das pessoas que nunca parou para conhecer um pouco mais de si mesmas, mas é fundamental para quem pensa em empreender algo que tenha vínculo com a sua forma de ser, pensar, acreditar e agir. Não raro, empreendedores ficam desanimados com as primeiras dificuldades que encontram no negócio, e a desmotivação poderá prejudicar a qualidade do atendimento ao consumidor, das relações com colaboradores, fornecedores e parceiros, e até com a família e os amigos.

Por esta razão, gaste um bom tempo refletindo sobre seus gostos tangíveis e intangíveis. Peça a opinião de amigos e conhecidos. Faça e refaça a lista muitas vezes até chegar a uma que realmente represente o seu verdadeiro "eu". Esta lista não será útil apenas para que você tenha melhores ideias de negócio, mas também ajudará em outras questões importantes para quem pensa em formar um time de pessoas com gostos tangíveis e intangíveis sinérgicos.

Quando terminar esta lista, tente organizá-la, colocando nas primeiras posições os itens que te dão mais prazer. Pense também no longo prazo. Será que esta lista e a ordem dela serão as mesmas nas próximas décadas?

Tome cuidado ao refletir sobre isso. Algumas pessoas podem mencionar que gostam de determinado tipo de esporte, como corridas de longa distância ou maratonas. Inicialmente, elas podem incluir na lista o gosto por "correr". Isso até pode ser verdade, mas é preciso refletir sobre se não gostam mesmo é do desafio da prova. Nesse caso, seria um gosto intangível: querer se superar ou se preparar para um novo desafio.

Boa parte dos maiores negócios já criados foram fundados por empreendedores que apostaram em seus gostos pessoais. Henry Ford era apaixonado por mecânica e Thomas Edison por eletrônica quando nem havia tecnologia desenvolvida para isto. Walt Disney sempre gostou de desenhar. Ainda em sua infância, o pai de Walt não via seus desenhos com bons olhos. Desenhar, por incrível que pareça, era visto como algo efeminado naquela época. Outra curiosidade de Walt era que ele adorava desenhar, mas achava que não desenhava muito bem. Mesmo assim, sempre apostou na sua paixão e criou uma das maiores empresas de mídia do mundo.

Depois de analisar os seus gostos, comece a refletir sobre as coisas que executa muito bem. Quais competências você tem? Quais são as habilidades que as outras pessoas reconhecem em você? Também reflita sobre as competências que deseja desenvolver no futuro!

Todos nós executamos várias coisas bem! A lista pode incluir habilidades corriqueiras, como ler com atenção, escrever textos claros ou inspiradores, fazer cálculos com facilidade ou interagir bem com outras pessoas. É possível incluir competências desenvolvidas durante a faculdade, como domínio de conhecimentos técnicos.

Walt Disney, usando-o novamente como exemplo, julgava não desenhar bem. Por outro lado, sabia que era muito bom em contar boas estórias, em formar equipes de profissionais talentosos e em interagir com seu mercado consumidor.

Para ter uma lista confiável, lembre-se de que é imprescindível consultar amigos, parentes e conhecidos para que também façam uma avaliação das habilidades e competências que você, sozinho, não consegue perceber que tem.

Competências atuais

Competências que quero desenvolver

O que eu faço realmente bem?

Ao trabalhar nesta lista de competências e habilidades, você terá, novamente, a oportunidade de conhecer um pouco mais de você mesmo. Aproveite este momento para listar competências que você quer (ou precisa) desenvolver no futuro.

Muitos empreendedores ficaram mais confiantes quando descobriram suas verdadeiras competências e habilidades. Sam Walton, fundador da Walmart, maior rede varejista do mundo, descobriu que gostava de comércio em seu primeiro emprego após formado. No entanto, ficou muito mais confiante para empreender quando percebeu que tinha competência para fazer bons negócios com seus fornecedores e habilidade para fazer boas vendas, o que incluía oferecer excelente atendimento ao cliente.

Desta forma, reconhecer suas competências e habilidades só aumenta as chances de transformar suas paixões em grandes negócios.

Depois de refletir sobre gostos pessoais (tangíveis e intangíveis), competências e habilidades, chegou o momento de vislumbrar quais negócios poderiam ser criados com estas combinações. Neste momento, anote, livremente, todas as ideias de negócio que vierem à cabeça, por mais que aparentemente não façam sentido.

Eu gosto de
(seus gostos)

Eu sou bom em
(suas competências)

Considerando-se seus gostos e suas competências, quais negócios poderia criar?

É importante lembrar, novamente, que amigos, familiares e conhecidos podem ajudar na geração de ideias de negócio que conciliem seus gostos, competências e habilidades. Peça ajuda também à sua rede de relacionamentos na internet.

Não faça nenhuma análise sobre a viabilidade técnica ou financeira da ideia neste momento. O mais importante é ter várias alternativas de negócio para análise que tenham relação com aquilo que gosta de fazer e com aquilo que faz bem.

As ideias também não precisam ser específicas e bem definidas. Por outro lado, é possível gerar mais ideias de negócio a partir de uma ideia inicial. Inclua todas as ideias óbvias de negócio que tenham relação com os seus gostos e as suas competências, mas pense também em ideias que só incluam os seus gostos, competências e habilidades. Seja criativo e pense em ideias que também fujam do óbvio.

Pense, por exemplo, em incluir na lista de negócios um restaurante que possa ter elementos relacionados aos seus gostos, às suas competências e habilidades. É possível pensar no tipo de gastronomia (brasileira, japonesa, italiana, etc.), na forma em que o serviço será prestado (à la carte, por quilo, etc.) ou ainda na região ou no público-alvo. Também é possível pensar em outras ideias a partir de um restaurante, conforme apresentado na tabela abaixo.

Alternativas	Só produção	Só comércio ou serviço
Nichos de mercado	Fábrica de alimentos para pessoas com restrições (diabéticos, celíacos, hipertensos, etc.)	Comércio de alimentos saudáveis produzidos por terceiros
	Fábrica de papinhas para bebês	Escola de gastronomia
Canais	Fábrica terceirizada de alimentos (para outra marca)	*Delivery* de alimentos
	Fábrica de alimentos com rede franqueada de lojas	*Site* de receitas com venda integrada de ingredientes
Combinação de conceitos	Fábrica de alimentos e sucos	Restaurante + espaço para reuniões fora do horário de almoço/jantar
	Fábrica de alimentos frescos e congelados	Restaurante + lanchonete + padaria 24 horas

Tabela 4. Outras ideias de negócio a partir de um restaurante

Da mesma forma, um profissional de educação física pode pensar em uma assessoria esportiva ou em uma academia de ginástica, mas também em um *site* sobre esportes, condicionamento físico ou saúde, uma consultoria para atender empresas que queiram oferecer programas esportivos ou condicionamento para seus colaboradores, uma loja de produtos esportivos, etc. Poderia, ainda, pensar em algo para públicos específicos como crianças, idosos ou donos de animais de estimação, ou ainda algo que envolvesse alimentação, vestuário ou equipamentos. O que mais?

Agora é com você! Após pensar em muitas ideias de negócio, é preciso analisar quais passariam pelos filtros de preferências, competências e mercado. Organize suas melhores ideias completando o **workshop** proposto na próxima página.

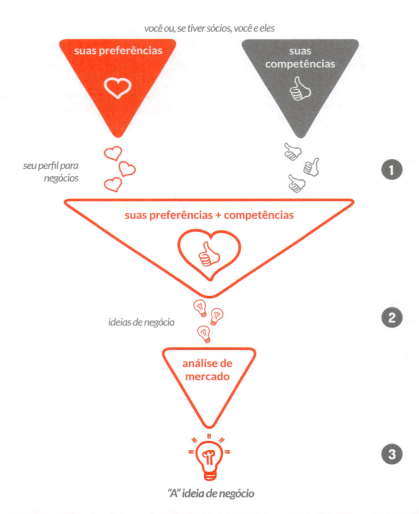

Exercício de reflexão pessoal: geração de ideias a partir do seu perfil pessoal

Exercício de reflexão pessoal:
geração de ideias a partir do seu perfil pessoal

data:

Suas preferências, interesses, passatempos

Suas competências, habilidades, talentos

As preferências que você executa com competência

*A preferência que você executa com competência
e que atende à maior demanda de mercado*

Workshop: utilize esta página para anotar suas ideias!

77

Geração de ideias a partir das dinâmicas de mercado

Quando analisamos a evolução da sociedade e as mudanças tecnológicas, percebemos que muitas empresas atuais resolvem necessidades que não haviam anteriormente. Na cidade de São Paulo, por exemplo, há uma rádio especializada em informações de trânsito. Provavelmente não há tanta demanda por este tipo de serviço em outras grandes cidades brasileiras atualmente, mas e no futuro?

Além de gerar ideias de negócio a partir do seu perfil pessoal, também é possível vislumbrar ideias a partir da análise das dinâmicas de mercado, considerando-se a evolução das necessidades e das diferentes perspectivas destas para gerar ideias de negócio.

Ter ideias a partir desse contexto não inviabiliza as ideias geradas anteriormente, apenas aumentam o número de possibilidades para que se tome uma decisão mais consistente.

Para ter ideias com esta lógica, é preciso considerar pelo menos três fontes:

- **Problemas enfrentados pelos clientes atuais.** Todo problema é uma oportunidade de negócio. Quanto maior o problema, maior a oportunidade de negócio. E não é preciso pensar nos grandes problemas da humanidade: Alexandre Tadeu da Costa, por exemplo, percebeu que muitas pessoas têm problemas em presentear com pouco dinheiro e, assim, a CacauShow, empresa que fundou, é uma boa opção para deixar alguém feliz gastando pouco.

- **Negócios que já existem em outras regiões.** Sam Walton, fundador da rede Walmart, visitou o Brasil na década de 1980. Gostou do conceito dos hipermercados da rede francesa Carrefour que visitou no Rio de Janeiro e, ao voltar para os Estados Unidos, adaptou o conceito para o mercado norte-americano.

- **Tendência de mercado.** Quando Robinson Shiba fundou a China in Box no início da década de 1990, apenas pizzas eram entregues via delivery. Ele não só apostou na aceitação da comida chinesa em larga escala, mas também na tendência de que as pessoas, nas metrópoles brasileiras, teriam cada vez menos tempo e paciência para cozinhar.

O quadro a seguir apresenta outros exemplos de empreendedores que tiveram suas ideias de negócio a partir da análise das dinâmicas do mercado.

IDEIA JÁ EXISTENTE EM OUTRO LOCAL OU CONTEXTO	**IDEIA COMO SOLUÇÃO DE UM PROBLEMA OU INEFICIÊNCIA DE PRODUTO/SERVIÇO EXISTENTE**	**IDEIA A PARTIR DA PERCEPÇÃO DE TENDÊNCIAS**
Em 1979, Pedro Grendene estava viajando pela França quando observou as sandálias usadas pelos pescadores da Riviera Francesa. De volta ao Brasil, mudou o foco da sua empresa, que fabricava telas para garrafões de vinho, e lançou as sandálias Melissa.	Como não era cliente preferencial, a camada mais pobre da população brasileira sempre sofreu com os serviços de grandes magazines e lojas de departamentos. Samuel Klein e sua empresa, a Casas Bahia, mudaram esse contexto.	As pessoas levam seus microcomputadores de um lado para o outro. Com base nisso, três engenheiros (Rod Canion, Jim Harris e Bill Murto) largaram seus empregos para fundar a Compaq em 1982, uma empresa que fabricaria computadores portáteis.
O austríaco Dietrich Mateschitz estava viajando pela Tailândia, em 1982, quando experimentou uma bebida local que combatia o cansaço físico e mental. De volta à Áustria, Mateschitz criou uma empresa chamada Red Bull e uma nova indústria de bebidas energéticas.	George Eastman era fascinado por fotografia, mas em 1878 as câmeras eram caixas de madeira grandes, pesadas, desajeitadas e com *flash* (literalmente) explosivo. Insatisfeito, Eastman criou as primeiras câmeras fotográficas portáteis do mundo e fundou a Kodak.	Ernest Haberkorn acreditava que as empresas automatizariam seus processos administrativos. Em 1974, ele fundou a Sistema Integrado de Gerência Automática (Siga), que depois virou Microsiga, e, hoje, é a Totvs, a maior empresa de software para gestão empresarial do Brasil.
A aviação de baixo custo já existia nos Estados Unidos desde 1971, mas só chegou ao Brasil com a fundação da Gol Transportes Aéreos em 2001, liderada por Constantino de Oliveira Júnior.	Mulheres, principalmente as mais "cheinhas" e de meia-idade, nunca se sentiram muito bem nas academias de ginástica com tanta gente malhada em volta. Coube a Gary Heavin fundar a Curves International, uma rede de academias só para mulheres.	Para ser uma opção de alimentação rápida mais saudável do que a oferecida por grandes redes de *fast-food* de hambúrgueres, Fred De Luca pegou mil dólares emprestados para fundar a Subway, uma rede de sanduíches, em 1965.

Para você ter ideias a partir das dinâmicas de mercado, lembre-se das situações que já vivenciou. Além disso, converse com amigos, familiares e conhecidos sobre essas situações.

A abordagem mais fácil para gerar ideias de negócio parte da identificação de problemas do mercado consumidor e/ou ineficiência de um produto ou serviço. Pense em todos os problemas que enfrenta como consumidor ou cidadão. Entreviste outras pessoas e peça a elas que contem sobre seus problemas. Também analise produtos e serviços que aparentemente apresentem ineficiências. Seus amigos, familiares e conhecidos também poderão citar dezenas ou centenas de problemas que enfrentam ao utilizar um produto ou serviço. Cada situação observada pode apresentar uma solução que poderá se tornar uma ideia de negócio. Faça esse levantamento, reflita sobre as respectivas soluções (sempre há mais de uma para o mesmo problema) e aumente a lista de ideias de negócio que poderia criar.

Além das ideias associadas a problemas ou ineficiências, também é possível gerar outras a partir de negócios já existentes em outros locais. Para valer-se dessa lógica, considere as seguintes situações:

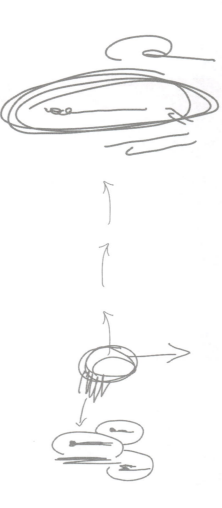

- Lembra-se de ter visto algo interessante nas suas viagens? Viu algum negócio, produto ou serviço que teria muito sucesso na sua região? É mais comum ter essa sensação quando viajamos para o exterior, mas mesmo em viagens nacionais é possível encontrar negócios que ainda não sejam conhecidos na sua região.

- Viu algum negócio na mídia que chamou a sua atenção? Conseguiria citar dois ou três negócios que tenha visto na televisão, no jornal, em revistas ou na internet que chamaram a sua atenção *pela qualidade ou pela criatividade? Será que esses negócios dariam certo na sua região?*

- *Faça esses mesmos questionamentos a amigos, conhecidos e familiares. Será que eles viram algum negócio que funcionaria na sua região? Se um amigo (conhecido ou familiar) abrisse um negócio na sua região, que negócio fundaria?*

Por fim, é possível gerar ideias a partir das tendências do mercado. Uma tendência é caracterizada pela expectativa de aumento, manutenção, redução ou mesmo inconstância de alguma variável. Algumas delas tendem a ser mais claras, como o envelhecimento da população com um número crescente de idosos no Brasil. Outras não são tão claras, como o aumento (ou não) da violência urbana no país. O empreendedor pode analisar essas tendências e identificar oportunidades de negócio representadas pela crescente demanda por um tipo de produto ou serviço.

Para gerar ideias a partir de demandas de mercado, é preciso considerar os seguintes passos:

- *Escolha um ou alguns mercados ou nichos de mercados consumidores em que deseje atuar (por exemplo: idosos, crianças, executivos, mulheres, etc.)*

- *Todos os mercados ou nichos de mercado apresentam tendências, mesmo que seja a manutenção da situação atual. Analise quais são as tendências do mercado ou nicho que escolher.*

- *Entenda quais mudanças essa tendência provocará no mercado e quais serão os problemas ou as necessidades originados a partir dessa movimentação.*

- *Pense em soluções para esses problemas ou essas necessidades. Elas poderiam se constituir em ideias de negócio?*

- *Se estiver com dificuldades em identificar tendências, utilize o exercício do próximo workshop para treinar sua capacidade de identificá-las e gerar ideias relacionadas a elas.*

Exercício: bingo das tendências   d a t a :

Tendência, problema, solução (ideia de negócio)

1. Selecione uma tendência.
2. Identifique os problemas sem solução nessa tendência.
3. Escolha o problema que aparentemente atinja um grande número de envolvidos.
4. Pense em soluções para resolver esse problema.

Tendência escolhida:

Problemas dessa tendência:

Problema que atinge/atingirá um grande número de envolvidos:

Soluções para esse problema:

Se quiser jogar o Bingo das Tendências, é só abrir uma revista ou um jornal e tentar identificar as tendências nas reportagens. Quando encontrar algo que esteja relacionado a uma tendência, anote-a na cartela. Conseguiu preencher cinco tendências em sequência vertical, horizontal ou diagonal? Bingo!
Outra forma de jogar o Bingo das Tendências é identificar as tendências e refletir sobre os problemas ou desafios em cada uma, e depois vislumbrar soluções (ideias de negócios) para cada desafio. Conseguiu reunir cinco tendências na vertical, horizontal ou diagonal? Bingo!

B	I	N	G	O
Preocupação com a qualidade de vida	Casal sem filhos	Violência na sociedade	Número de homossexuais	Reciclagem
Envelhecimento da população	Alimentação saudável	Temperatura do planeta	Sociedade 24 horas	Animais de estimação
Obesidade	Educação de adultos	Quantidade de informações	Solteiros	Mundo mais conectado
Pais separados	Prática de esportes	Uso da tecnologia	Classe C e a base da pirâmide	Bric
Sustentabilidade	Cultura e conhecimento	Conveniência	Falta de tempo	Empreendedorismo

Workshop: utilize esta página para anotar suas ideias!

Se tiver se esforçado para gerar ideias a partir de problemas ou insatisfações dos clientes atuais, de negócios que tenha visto em outras regiões e de tendências de mercado que tenha analisado, terá em mãos mais opções para analisar. Não é obrigatório gerar ideias em todos esses contextos, mas quanto mais analisar as dinâmicas de mercado, mais e melhores tendem a ser suas ideias de negócio.

O que você perceberá quando já estiver empreendendo é que acompanhar problemas ou insatisfações das pessoas, prestar atenção em negócios interessantes de outras regiões e analisar tendências torna-se rotineiro – ao menos para os melhores empreendedores. Pessoas assim estão sempre tendo ideias, identificando oportunidades, conversando com as pessoas e experimentando produtos e serviços que não conhecem, mesmo que não pertençam ao seu ramo de negócio. Também ficam imaginando como a sociedade e a tecnologia estão evoluindo e quais serão as novas demandas. E, por agirem dessa forma, um dos principais cuidados que precisam ter é o de manter o foco no negócio, já que estão tendo ideias o tempo todo.

O próximo exercício é importante para que você analise todas as ideias de negócio que teve, considerando-se suas preferências e competências (já analisadas no Exercício de Reflexão Pessoal) e o potencial de mercado, mas também será útil no futuro, quando já estiver empreendendo e se deparar com várias novas ideias.

Esse exercício também considera a metáfora do funil, já que as muitas ideias devem passar por filtros de preferência, competência e mercado até chegarem a um número reduzido de alternativas.

Em seguida, você deve comparar essas ideias com as que selecionou no Exercício de Reflexão Pessoal e eleger a principal ideia que será levada adiante.

Como escolher a melhor ideia de negócio?

Se, por acaso, você iniciou o capítulo alegando que não conseguia ter uma boa ideia para abrir um negócio, mas fez todos os exercícios propostos até aqui, seu problema agora pode ser outro: **tenho muitas ideias boas e não sei qual escolher!** No entanto, se já tinha uma ou muitas ideias ao iniciar a leitura deste capítulo, seu problema para escolher a melhor ideia pode ser ainda maior.

Ter ideias de negócio é a parte mais fácil; escolher a melhor, principalmente quando o negócio está sendo planejado com outros sócios, tende a ser mais difícil, mesmo para empreendedores mais experientes. E, neste momento, algumas dicas podem ser úteis.

Sua ideia de negócio deve resolver um problema!

Primeiramente, sua ideia deve resolver o problema de uma parte do mercado consumidor; deve ser a solução para uma necessidade. E a necessidade só existe a partir

Exercício de análise de mercado: geração de ideias a partir do mercado

data:

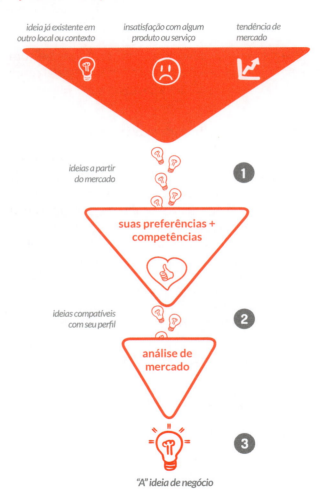

Ideias de outros contextos, insatisfações com produtos/serviços e/ou tendências de mercado

As preferências que você poderia executar com competência

A preferência que você executa com competência e que atende à maior demanda de mercado

Workshop: utilize esta página para anotar suas ideias!

do momento em que o problema é constatado. Dificilmente resolverá o problema de todo o mercado, mas deve ser a melhor solução para uma parcela importante. Logicamente, quanto maior for essa parcela, maior será a chance de sucesso. Mas como saber se sua ideia de negócio realmente resolve o problema do consumidor? Neste momento inicial, é provável que você não tenha uma resposta confiável para essa questão. Você deve conversar com pessoas que tenham a necessidade que a sua ideia de negócio irá resolver para entender se você apresentaria, de fato, a melhor solução. Com interações assim, terá condições de escolher a ideia que melhor resolve um problema. No início, a CacauShow vendia chocolates com *design* simples, mas depois de algum tempo, Alexandre Tadeu da Costa, o fundador da empresa, percebeu que se fosse mais criativo no *design* dos produtos e embalagens, as pessoas comprariam seus doces como uma opção de presente. Assim, a CacauShow começou a resolver o problema de pessoas que precisavam comprar presentes a preços dentro dos seus orçamentos.

Sua ideia de negócio deve atender à necessidade de muitos!

Quanto mais pessoas tiverem a necessidade que a sua ideia de negócio atende, melhor será a ideia, pois as chances de sucesso serão maiores. O exemplo da CacauShow, novamente, é ideal para ilustrar esse quesito. Muitas pessoas precisam comprar presentes! Mas, voltando à discussão, qual é o tamanho de mercado ideal? Em outras palavras, o que significa atender à necessidade de muitos? Isso dependerá de um conceito conhecido como potencial de mercado, que, por sua vez, está relacionado ao número total de consumidores, ao nível de concorrência e ao grau de satisfação com os produtos ou serviços disponibilizados atualmente. Não é uma conta fácil de se calcular, mesmo para as empresas de grande porte, que contam com especialistas de marketing. E, neste momento inicial, o empreendedor precisa estimar se haveria um número de consumidores que se atrairia pela ideia de negócio, garantindo-se, assim, um nível razoável de vendas. Em uma estimativa muito rudimentar, imagine o valor das vendas médias de um mês, multiplicando o número estimado de itens vendidos ou serviços prestados pelo seu preço médio. É recomendável também fazer uma rápida pesquisa na internet ou conversar com conhecidos que atuam no mesmo ramo sobre as vendas médias de um negócio similar ao que seria criado a partir da sua ideia de negócio. É claro que essas estimativas serão aperfeiçoadas nos próximos capítulos, mas neste momento é importante ter uma noção do potencial de mercado da sua ideia de negócio.

Sua ideia de negócio deve ser alavancada pelas preferências e competências!

Após avaliar o potencial da sua ideia de negócio, é preciso analisar profundamente se essa ideia seria melhor executada em função das suas preferências (gostos tangíveis e intangíveis) e competências (habilidades, talentos pessoais). Juliana Motter não apenas adorava cozinhar (preferência), principalmente brigadeiros, como também fazia isso muito bem e com muita criatividade (competência). Assim, a Maria Brigadeiro, empresa fundada por ela, se destaca muito mais do que as outras dezenas que tentam copiar suas criações. Se o empreendedor não alinhar, de forma muito honesta, suas preferências e competências com a sua ideia de negócio, perderá a motivação muito rapidamente, pois fará algo de que não gosta e/ou que não sabe ou não quer saber fazer direito.

A ideia de negócio deve trazer orgulho ao empreendedor!

O potencial de negócio deve ser atrativo, e a ideia de negócio deve estar atrelada às preferências e competências para ser colocada em prática com mais consistência. Essas duas constatações tendem a aumentar as chances de sucesso do negócio que será criado a partir da sua ideia. Mas é preciso potencial para que seja criada uma empresa da qual o empreendedor se orgulhe! E não é preciso criar uma empresa com causas nobres: o dono de uma transportadora de cargas pode se orgulhar de contribuir com o desenvolvimento de outras empresas ou de levar produtos de forma eficiente para o mercado consumidor. Todos os negócios podem ter causas nobres além das suas motivações meramente financeiras. Lito Rodrigues criou um lava-rápido de automóveis e se orgulha muito da sua criação. Não só porque a DryWash criou o conceito de lavagem com uso mínimo de água, mas também pelo fato de contratar jovens carentes com alto potencial de crescimento profissional.

Sua ideia de negócio deve permitir a divulgação dos seus valores!

A melhor ideia de negócio é aquela que melhor atende a todos os quesitos já mencionados e ainda permite que o empreendedor divulgue seus valores e suas crenças por meio do posicionamento dos produtos e serviços oferecidos e da atitude da empresa. De todos os quesitos, este, com certeza, é o mais filosófico. Muitas pessoas nunca pararam para pensar sobre quais seriam os valores e as crenças que guiariam a sua vida. Alguns até podem confundir isso com religião, mas é importante que o empreendedor de primeira viagem liste os princípios que guiam sua vida, e se serão esses os mesmos que guiarão a formação e o desenvolvimento do seu negócio. Luiz Seabra, cofundador da Natura Cosméticos, sempre se pautou pelos valores de humanismo, criatividade, equilíbrio e transparência para guiar a sua vida pessoal e a empresa que se tornou referência mundial em sustentabilidade e inovação. Se ainda não tem uma lista de princípios ou valores que o guiarão pessoal e profissionalmente, aproveite este momento para criar uma. Depois, imagine se a sua ideia de negócio permitirá a criação de um negócio que consolide e divulgue esses valores na sociedade.

Boas oportunidades para soluções criativas

Um teste rápido para avaliar seu potencial empreendedor. Eu lhe dou um limão, e você faz a limonada!

Você é analfabeto!

Nesse caso, deveria conhecer a história de Thai Nghia. Sua família foi perseguida pelo regime comunista no Vietnã. Thai, desesperado, fugiu do país em um pequeno barco e ficou à deriva no oceano. Foi resgatado por um navio da Petrobras, que o trouxe para o Brasil em 1979. Chegou ao país sem falar, ler ou escrever em português. Aprendeu o idioma sozinho e cinco anos depois já tinha ingressado na USP e trabalhava em um importante banco brasileiro. Thai emprestou dinheiro para um amigo fabricar bolsas, e este não conseguiu pagar o dinheiro devido. Para reavê-lo, Thai passou a vender as bolsas durante o dia, trabalhando no banco à noite. Ganhava mais dinheiro com as bolsas, por isso decidiu abrir um negócio. Chamou a empresa de Yepp – que, posteriormente, passou a se chamar Goóc, uma das marcas brasileiras pioneiras em tratar sustentabilidade com seriedade e convicção.

Você está gordo!

O que faria além de um regime? Em 1961, a dona de casa Jean Nidetch tinha 38 anos, media 1,75 m e pesava quase 97 quilos. Ela notou que não somente ela, mas todos à sua volta estavam obesos. Jean começou um regime e algumas semanas depois reuniu seis amigas acima do peso para anunciar que ela tinha perdido dezoito quilos, e desafiou-as a seguir seu programa de regime. O grupo começou a se reunir periodicamente para relatar os avanços, e em poucos meses todas haviam perdido peso. A própria Jean atingiu 64 quilos um ano depois. Percebendo que tinha uma grande oportunidade de negócio, fundou a Vigilantes do Peso, uma empresa que vale US$ 4 bilhões atualmente.

Você não consegue emprego – por maior que seja a sua insistência, sua perseverança e seu preparo!

Esta é a hora de pôr o "plano B" em ação. Foi isso que fez Walter Elias, após diversas tentativas de conseguir um emprego como desenhista – as empresas achavam que seu traço era infantil demais. Cansado, ele se juntou a um amigo e criou uma empresa para explorar seu dom artístico. Só um detalhe: o sobrenome de Walter era Disney, e o resto da história você conhece.

Você é roubado e perde tudo!

O que faria? Se você fosse o sujeito do parágrafo anterior, começaria tudo de novo e melhor. Quando Disney fundou seu estúdio, seu primeiro personagem virou um sucesso, mas isso atraiu a cobiça do seu distribuidor, que conseguiu registrar o personagem em seu nome. De uma hora para outra, Disney perdeu sua criação, seu distribuidor, sua equipe e seu público. Triste, na viagem de volta para casa, imaginou um novo personagem, um ratinho chamado Mortimer – o qual sua esposa o convenceu a chamar de Mickey.

Se considerou fáceis os problemas anteriores, reflita: e se você tivesse nascido cego?

Problemão? Não para um sujeito chamado Hans. Ele nasceu cego e só começou a enxergar (mal) aos 2 anos, e apenas com o olho direito. Em 1945, vendeu uma sanfona, seu único bem, por US$ 200, e com o dinheiro abriu no Rio de Janeiro um negócio que ninguém com a sua limitação pensaria em abrir: uma joalheria. O sobrenome de Hans? Stern!

Diante de histórias assim, será que não está na hora de você ser menos pessimista com relação aos seus próprios problemas?

Eu tive uma ideia, e agora?

No capítulo anterior, você desenvolveu sua capacidade de ter ideias. O ideal é que chegasse neste momento com uma única ideia de negócio! Mas, se estiver em dúvida entre duas ou três, tudo bem! Ocorre o mesmo com os empreendedores mais experientes que pensam em abrir um segundo ou terceiro negócio. Porém, para avançar neste livro, é preciso que tenha em mente apenas uma. Se tiver mais de uma, reflita qual atenderia melhor o seu propósito de vida. Qual o deixaria mais orgulhoso quando estivesse com 80 anos e olhasse para trás e visse o grande negócio que construiu? Com qual teria mais prazer em acordar todos os dias tendo a missão de resolver o problema do seu cliente da melhor forma?

Depois que escolher sua ideia de negócio, escreva um resumo seguindo o esquema abaixo:

Eu quero abrir um _____ (tipo de empresa) que vai resolver o problema de _____ (principal problema) de clientes como _____ (exemplos de grupos de clientes com o mesmo tipo de problema).

Muitos empreendedores cometem seu primeiro grande erro nessa etapa. Após terem uma ideia de negócio, já a implementam, abrindo um negócio ou começam a escrever um plano de negócio tradicional. Os empreendedores mais sábios vão ao mercado testar a sua ideia, mesmo que de forma bem rudimentar.

Robinson Shiba era estudante de odontologia quando foi para os Estados Unidos estudar inglês. Lá, viu as famosas caixinhas de comida chinesa que vemos nos filmes: é o policial comendo a comida chinesa em caixinha no carro da polícia ou também o estudante se alimentando da comida em caixinha enquanto estuda. Ficou com vontade de trazer essa ideia para o Brasil, mas, quando voltou ao país, seu pai pediu que terminasse a faculdade antes de pô-la em prática. Era uma típica ideia gerada a partir do mercado:

- ¤ A ideia já existia em outro local.
- ¤ Havia alguma insatisfação com relação a comer fora de casa e vários preconceitos contra a comida chinesa.
- ¤ A tendência de mercado era que as pessoas cozinhariam cada vez menos em suas casas.

Já formado, a ideia da comida chinesa em caixinha continuava em sua cabeça. Ela ainda atendia à preferência de Robinson, já que ele realmente tinha gostado desse tipo de comida nos Estados Unidos e ainda acreditava que tinha competência para reproduzir o modelo norte-americano, sem mencionar que tinha feito uma análise de mercado prévia com conhecidos, que mostraram simpatia pela ideia de negócio. O resumo da sua ideia de negócio era mais ou menos assim:

Quero abrir um restaurante delivery de comida chinesa em caixinha que vai resolver o problema de alimentação rápida, saudável e saborosa de clientes como pessoas da classe média que não têm tempo ou interesse em cozinhar em casa.

Mas, antes de abrir o restaurante, Robinson testou exaustivamente a ideia! Como? Indo a todo restaurante chinês que encontrou pela frente. Nessas visitas, testou algumas hipóteses que poderiam fazer com que sua ideia não desse certo.

A primeira hipótese era: havia demanda para comida chinesa? Eram só orientais que comiam essa comida, ou ela era apreciada por pessoas de diversas descendências? Descobriu em suas visitas que todos gostavam da comida, e o tamanho do mercado parecia ser bem atrativo.

A segunda hipótese era: os consumidores queriam uma solução mais confiável e amigável? Descobriu que sim. Muitos iam a restaurantes tradicionais chineses, mas não se sentiam confortáveis com a aparência do local e com o atendimento recebido.

E a terceira hipótese: os consumidores compravam comida chinesa para levar para casa? Também descobriu que sim. Muitos pediam para embrulhar e recebiam a comida em pratos de alumínio embalada em sacolas plásticas brancas.

Aquele teste de mercado deixou Robinson Shiba ainda mais confiante na sua ideia, o que lhe permitiu convencer seu pai e amigos a investir no negócio.

Apesar de o teste ter sido muito bom, ele não chegou a utilizar nenhum método desenvolvido para esse fim. Você também pode fazer o mesmo, seguindo sua intuição e bom senso para realizar uma pesquisa de mercado. Mas é possível aplicar alguns métodos para testar se realmente há mercado para a sua ideia.

A ideia em um guardanapo

A ideia deste teste é muito simples e funciona! Imagine que você está na mesa de um bar com um amigo. Ele pede que você apresente sua ideia do negócio que está pensando em criar. Você pega um guardanapo e começa a rascunhar um desenho para explicar sua ideia. Como seria esse desenho?

> Este teste é baseado naquilo que é defendido por Dan Roam em *Desenhando negócios: como desenvolver ideias com o pensamento visual e vencer os negócios* (2011), considerado um dos dez melhores livros de negócios de 2008.

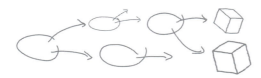

Exercício: teste do guardanapo

data:

1) Imagine que o quadro ao lado é um guardanapo. Utilize este espaço para montar a sua ideia de negócio! Procure desenhar o conceito. Pode utilizar algumas palavras, desde que associadas a um desenho conceitual. Mostre-o a outras pessoas e veja se elas conseguem captar a lógica.

2) Quando terminar de elaborar todas as atividades deste livro, inclusive o plano de negócio, volte a esta página e desenhe uma nova versão da sua ideia de negócio. É bem possível que você perceba uma sensível melhora na sua capacidade de explicar seu negócio de forma simples e clara!

Workshop: utilize esta página para anotar suas ideias!

O teste do guardanapo exige que você conheça profundamente sua ideia de negócio a ponto de conseguir simplificá-la em um desenho sem perder a lógica nem seus diferenciais.

Seu desafio é apresentar informações e conceitos complexos por meio de linguagem visual. Para desenvolver essa habilidade, veja os vídeos de Dan Roam (também há vários exemplos disponíveis na internet), e pesquise *sites* que tratem de pensamento visual (*visual thinking*).[1]

E não desista! Você precisa aprender a apresentar a sua ideia de negócio em um pedaço de papel. Caso contrário, não será em vinte ou trinta páginas de um plano de negócio que conseguirá fazer isso.

Canvas do Modelo de Negócio Ampliado

Depois do Teste do Guardanapo, é o momento de você pensar na ideia como um negócio que é formado por várias partes que se integram.

Quais seriam essas partes?

Se você pensar um pouco, vai elaborar uma lista com as principais partes de um negócio. Um negócio precisa ter clientes, fornecedores, máquinas, equipamentos e colaboradores. Muitos especialistas também já pensaram nesse assunto, e os que se tornaram mais populares foram o suíço Alexander Osterwalder e o belga Yves Pigneur. Em 2010, eles publicaram o livro *Business Model Generation*, que rapidamente se tornou um *best-seller* em todo o mundo. Nele, os autores apresentam uma abordagem visual para se pensar em todas as partes do que chamam de Business Model Canvas (BMC), ou Canvas do Modelo de Negócio, um jeito rápido de pensar em todos os aspectos da sua futura empresa.

No Canvas do Modelo de Negócio é preciso responder a questões sobre nove aspectos: proposta de valor, segmento de clientes, canais de entrega, relacionamento com clientes, entradas de caixa, recursos-chave, atividades-chave, parceiros-chave e saídas de caixa. A esses aspectos, acrescentamos quatro igualmente cruciais: concorrência, forças de mercado, tendências e otimizações. Esse conjunto completo é chamado de Canvas do Modelo de Negócio Ampliado.

Veja a seguir as principais questões de cada aspecto:

Proposta de valor

Questão principal: você consegue resumir a sua proposta de valor em uma frase curta, clara, objetiva e inspiradora?

¤ Qual será o seu produto (serviço)?

¤ Qual tarefa mais básica (job funcional) que o produto ou serviço executará (resolverá) para o usuário/cliente?

---

[1] Por exemplo, o *site* Visual-Literacy.org, disponível em: http://www.visual-literacy.org. Acesso em: 1º-8-2013.

- Quais tarefas (jobs) operacionais o produto executará (resolverá) para o usuário/cliente?
- Por que o seu usuário/cliente se sentirá melhor consigo (job emocional) ao usar o seu produto?
- Por que o seu usuário/cliente se sentirá melhor com relação aos outros (job social) ao usar o seu produto?
- Quais são as dores adicionais e acessórias que o cliente pode vir a ter quando decide comprar o seu produto e como (e se) você irá resolvê-las?
- O que fará para oferecer ganhos, vantagens ou incentivos que o usuário/cliente não esperava?

Dica: pesquise na internet os conceitos *Job to be done*, miopia de marketing e Mantra.

Segmento de clientes

Questão principal: quem são os diferentes (e verdadeiros) compradores da sua proposta de valor?

- Quem serão os usuários?
- Quem são os clientes pagantes?
- Quem são os que tomam a decisão de compra?
- Quem são os que influenciam na decisão de compra?
- Quem são os que podem sabotar a decisão de compra?
- Qual a melhor forma de lidar com cada um deles?

Canais de entrega

Questão principal: como você levará/entregará a sua proposta de valor aos clientes da forma mais eficiente possível?

- Qual será o principal canal (forma) que levará a sua proposta de valor para os usuários/clientes? Canais físicos (lojas, venda pessoal, distribuidores, etc.) e/ou canais virtuais (site, aplicativo, central de atendimento, catálogo, etc.)?
- Haverá formas secundárias?

Relacionamento com clientes

Questão principal: como você atrairá o maior número de clientes com o menor investimento possível?

- O que fará para chamar a atenção do seu público-alvo?
- Como vai gerar interesse pela sua proposta de valor?
- Como criará o desejo de fechar negócio com a sua empresa?
- Como vai facilitar o uso e a compra do seu produto?
- O que fará para fortalecer a lealdade do usuário/cliente?
- O que fará para aumentar a base de clientes "apóstolos", isto é, que divulgarão com entusiasmo o seu negócio?

Dica: pesquise na internet o conceito Aidala.

Entradas de caixa

Questão principal: qual será a forma mais eficaz de gerar receitas? Primeiro, pense nas alternativas mais comuns e tradicionais de gerar receitas para seu tipo de negócio, depois imagine alternativas inovadoras e, por fim, defina qual será mais eficaz para gerar receitas.

- O modelo de receitas evoluirá com o tempo?
- Haverá outras formas de entradas de caixa?

Recursos-chave

Questão principal: o que é preciso deter na empresa para entregar (sempre) a proposta de valor?

- Quem na empresa executará as atividades-chave?
- Quais máquinas, equipamentos, instalações ou outros recursos serão vitais para entregar a proposta de valor de forma (muito) competitiva e que serão acessados internamente pela sua empresa?

Atividades-chave

Questão principal: o que é necessário fazer internamente para a mágica da proposta de valor (sempre) acontecer?

- Quais atividades (funções, processos) prioritárias precisam ser executadas internamente para entregar a proposta de valor para os clientes de forma (muito) competitiva?

Parceiros-chave

Questão principal: quais parceiros serão decisivos para tornar o seu modelo de negócio um sucesso?

- Quais máquinas, equipamentos, instalações, pessoas ou outros recursos, acessados externamente, serão vitais para entregar a proposta de valor de forma (muito) competitiva? Quem serão os parceiros que disponibilizarão isso?
- Quais atividades, funções, processos e serviços, executados externamente, serão vitais para entregar a proposta de valor de forma (muito) competitiva? Quem serão os parceiros responsáveis por isso?

Saídas de caixa

Questão principal: quais serão as principais saídas de caixa?

- Quais são os principais investimentos, custos, gastos e despesas com a entrega da proposta de valor, incluindo canais, relacionamento com clientes, execução das atividades-chave, aquisição e manutenção dos recursos-chave e gestão das parcerias-chave?
- Quais os principais impostos, tributos, taxas e contribuições compulsórias?

Concorrência

Questão principal: quem já atende (ou também atenderá) os seus clientes?

- Quem são os concorrentes que oferecem o mesmo produto/serviço?
- Quais são as soluções substitutas?
- Qual o poder dos clientes em influenciar a concorrência?
- Qual o poder dos fornecedores em influenciar a concorrência?
- Quão fácil é entrar nesse mercado?
- O que fará para impedir novos entrantes, por exemplo, com relação a patentes, construção de marcas conhecidas, segredo industrial, etc., e para ser percebido como melhor do que a concorrência já existente?

Dica: pesquise na internet a ferramenta Cinco Forças de Porter.

Forças de mercado

Questão principal: o que ou quem pode atrapalhar o seu negócio?

- O que pode acontecer do ponto de vista político (inclusive trâmites burocráticos, regulamentos, alvarás, etc.) que pode atrapalhar o seu negócio?
- Do ponto de vista da economia, como a evolução econômica esperada pode afetar o seu negócio?
- O que pode ocorrer do ponto de vista social que pode afetar o seu negócio?
- O que pode acontecer do ponto de vista tecnológico que pode afetar o seu negócio?
- O que você fará para lidar com essas potenciais forças que podem criar dificuldades para o seu negócio?

Tendências de mercado

Questão principal: em quais tendências de mercado o seu negócio vai surfar?

- Por que e como o seu negócio irá aproveitar essas tendências?
- Quanto tempo estima que durará cada uma delas?
- A tendência é uma onda (das grandes), uma marola ou mal se configura uma onda?

Otimizações

Questão principal: o que pode ser feito para aumentar entradas de caixa e/ou reduzir saídas de caixa (principalmente na fase inicial do negócio)?

- Quais são as alternativas para gerar receitas para a empresa?

- O que pode ser feito para reduzir ou parcelar as necessidades de investimentos?
- O que pode ser feito para reduzir custos, gastos e despesas?
- Há alternativas para reduzir o peso dos encargos, como optar por iniciar como Microempreendedor Individual ou Simples?
- É possível improvisar ou inovar alguma frente para reduzir alguma saída de caixa, por exemplo, começar como Microempreendedor Individual e não como Sociedade Limitada, trabalhar em casa e não em um escritório alugado, etc.?
- Há parcerias que podem ser feitas para reduzir ou mesmo eliminar alguma saída de caixa ou aumentar a entrada de caixa?

Essas perguntas são muito importantes para que você consiga pensar nas partes do seu negócio, mas a grande sacada de Osterwalder e Pigneur foi transformá-las em uma ferramenta visual, seguindo a lógica de outras ferramentas visuais de planejamento e gestão como a Análise Swot, a Matrix BCG ou as Cinco Forças de Porter.

O Canvas do Modelo de Negócio Ampliado é um retângulo dividido em treze partes com o qual o empreendedor pode interagir, escrevendo diretamente suas anotações no papel ou por meio de adesivos (do tipo Post-it®) que podem ser fixados (ver exercício "Teste do Canvas do Modelo de Negócio Ampliado").

O uso do Canvas do Modelo de Negócio Ampliado é razoavelmente simples. É possível utilizar o modelo da próxima página ou baixá-lo na internet (veja o link a seguir).

Se for feito individualmente, basta escrever diretamente nas "caixinhas" ou utilizar notas adesivas. Se for em grupo, cada membro pode fazer a sua versão e depois confrontá-la com as dos demais membros ou por meio de uma discussão aberta. Nesse caso, o uso de *posts* é imprescindível para que a discussão ganhe mais agilidade. Ao fim da discussão, faça uma versão final que servirá para discussões futuras e também como item histórico.

Quando o negócio estiver funcionando, será possível compará-lo com a primeira versão e, a partir dessa comparação, será possível entender o que foi aprendido desde então.

Canvas do Modelo de Negócio Ampliado disponível em: http://bit.ly/CanvasAmpliado (acesso em: 9-4-2018). Há soluções *on-line* para o Canvas do Modelo de Negócio Tradicional, por exemplo, o Canvanizer, disponível em: https://canvanizer.com/ (acesso em: 9-4-2018).

Exercício: teste do Canvas do Modelo de Negócio Ampliado

Quando tiver finalizado seu esboço, teste seu Canvas. Apresente-o para especialistas de empreendedorismo (empresários, professores, consultores e investidores) e tente validar suas hipóteses. Será que o seu modelo de negócio tem sentido? Pensou em todos os aspectos relevantes do seu negócio?

data:

Tendências de mercado						
Forças de mercado	Parceiros-chave	Atividades-chave	Proposta de valor	Relacionamento com clientes	Segmento de clientes	Concorrência
		Recursos-chave		Canais de entrega		
	Saídas de caixa		Entradas de caixa			
Otimizações						

Fonte: *Adaptação de Osterwalder e Pigneur (2010, p. 42)*.

Prototipagem Rápida

No **Teste do Guardanapo**, você transferiu algo que estava na sua cabeça para um pedaço de papel, explicando a ideia para outra pessoa. Quanto mais conhecer sobre o seu negócio, melhor se sairá nesse teste. No **Teste do Canvas do Modelo de Negócio Ampliado**, você organizou melhor a sua ideia de negócio e a conectou com as outras partes do empreendimento. Agora, é possível ter uma visão do negócio como um sistema que possui partes diferentes, mas que interagem. Para oferecer algo diferenciado (proposta de valor) ao cliente, você precisa pensar em canais, relacionamentos, entradas de caixa, atividades-chave, recursos-chave, parcerias-chave e saídas de caixa, sempre levando em consideração o que já vem sendo feito pela concorrência, o que pode ser esperado das forças de mercado e das tendências de mercado e, por fim, o que pode ser otimizado naquele momento.

Agora é o momento de você conseguir transformar em realidade aquilo que chamou de proposta de valor no Canvas do Modelo de Negócio Ampliado. Quase sempre, o empreendedor de primeira viagem põe palavras bonitas para definir sua proposta de valor, mas não tem a mínima ideia de como transformá-la em algo que possa ser percebido pelo cliente final. Esse é o desafio do **Teste da Prototipagem Rápida**. O protótipo é uma versão mais simples, conceitual ou até mesmo improvisada da versão final do produto, serviço e/ou experiência de consumo.

Para executar esse teste, você precisa usar a imaginação e criar uma experiência de consumo real para um ou mais clientes potenciais. Em outras palavras, é preciso escolher uma ou mais pessoas que representem os "segmentos de clientes" mencionados no Canvas do Modelo de Negócio Ampliado e fazer uma (ou mais) venda(s) real(is), considerando a proposta de valor descrita anteriormente.

A venda pode ser simulada, desde que o vendedor e o cliente em potencial ajam de maneira real.

101

Use a criatividade! Se a sua ideia de negócio é criar uma loja *on-line* de sapatos, vá a uma loja, compre um sapato e depois tente vender para alguém do segmento de clientes planejado. Se prometeu um atendimento diferenciado e uma embalagem criativa para o sapato na proposta de valor, improvise para recriar essa experiência.

Se quer criar uma fábrica de doces saudáveis, transforme sua proposta de valor em doces reais e tente vendê-los para pessoas que serão o seu público-alvo no futuro. Imaginou que os doces seriam vendidos em caixas elegantes? Crie as caixas para embalar seus produtos.

Se pensou em criar uma empresa de serviços, crie uma apresentação, *folders* explicativos e até um cartão de visitas para tangibilizar o serviço. Marque reuniões com futuros clientes potenciais para simular a apresentação da empresa e a venda do serviço.

O Teste da Prototipagem Rápida exige que você improvise a experiência de consumo da forma mais próxima daquilo que chamou de proposta de valor. Se conseguir, também tente simular o que planejou para canais e relacionamento com o cliente. Nesse teste, não é preciso ter lucro. O mais importante é conseguir transformar em realidade um conceito que inicialmente era intangível!

Você pode fazer o Teste da Prototipagem Rápida com pessoas conhecidas, mas peça que ajam normalmente como se não o conhecessem.

Após a realização do teste, é fundamental que você peça a opinião sincera da pessoa sobre a sua proposta de valor. Na próxima página, há algumas perguntas para validar a sua pesquisa.

O Teste da Prototipagem Rápida será uma lição inesquecível, já que será a primeira vez em que você entrará em contato com o cliente e porá em prática aquilo que planejou. Se passar no teste, ou seja, se as pessoas gostarem da sua proposta de valor, você pode seguir em frente com o planejamento do seu negócio. Caso contrário, refaça os testes do Guardanapo e do Canvas do Modelo de Negócio Ampliado com aquilo que aprendeu no da Prototipagem Rápida.

Também adote esse teste para todos os novos negócios que for implementar em sua carreira como empreendedor, mesmo quando já for um empresário bem-sucedido de uma empresa de grande porte. Os testes ajudam a validar hipóteses intangíveis e obrigam os envolvidos com o projeto a irem a campo e a vivenciarem o que estão planejando. Encare o Teste da Prototipagem Rápida como um custo barato caso erre (se o teste não for bem-sucedido) ou um baixíssimo investimento para aumentar as chances de sucesso.

Effectuation

Se o seu produto ou serviço passou no Teste da Prototipagem Rápida, ou seja, mesmo sendo em uma versão rudimentar, os clientes gostaram e voltariam a comprá-lo, pode ser um bom momento para migrar para o Teste do Effectuation. Esse teste é mais indicado para negó-

Teste: Prototipagem Rápida*

data:

Como será realizada a prototipagem rápida? Descreva as principais etapas.	
Lista de itens necessários para a realização da prototipagem.	

Nome das pessoas que serão contatadas como "clientes potenciais".	Cliente 1	
	Cliente 2	
	Cliente 3	
	Cliente 4	
	Cliente 5	

Opinião dos clientes a respeito da experiência de consumo

Questões	Cliente 1	Cliente 2	Cliente 3	Cliente 4	Cliente 5
O cliente comprou produto/serviço?	☐ Sim ☐ Não	☐ Sim ☐ Não	☐ Sim ☐ Não	☐ Sim ☐ Não	☐ Sim ☐ Não
Se sim, o cliente compraria novamente?	☐ Sim ☐ Não	☐ Sim ☐ Não	☐ Sim ☐ Não	☐ Sim ☐ Não	☐ Sim ☐ Não
O cliente entendeu claramente o benefício do produto/serviço?	☐ Sim ☐ Não	☐ Sim ☐ Não	☐ Sim ☐ Não	☐ Sim ☐ Não	☐ Sim ☐ Não
Atendeu ou superou a expectativa do cliente?	☐ Atendeu ☐ Superou	☐ Atendeu ☐ Superou	☐ Atendeu ☐ Superou	☐ Atendeu ☐ Superou	☐ Atendeu ☐ Superou
Do que o cliente gostou na experiência de consumo?					
Do que o cliente não gostou na experiência de consumo?					

* Nem sempre é possível fazer o Teste da Prototipagem Rápida. Produtos e serviços altamente regulados – por exemplo, medicamentos – não podem ser testados dessa forma.

Workshop: utilize esta página para anotar suas ideias!

cios em setores tradicionais. Se o seu negócio for digital e inovador, pule para o próximo teste.

Não se assuste com a palavra, nem tente traduzir para o português, pois ainda não foi encontrada uma tradução eficiente. Para entender seu conceito, é necessário discutir uma outra (também em inglês): causation. A inventora desses termos, a professora Saras Sarasvathy, da Universidade da Virgínia (Estados Unidos), explica que há duas formas básicas para se criar um negócio. A primeira é a forma tradicional, que ela chamou de causation, em que o empreendedor tenta identificar as causas de sucesso de um negócio e, depois, planeja prévia e formalmente cada etapa do desenvolvimento do negócio. De forma simplificada, é o jeito tradicional de elaboração de um plano de negócio formal, desses que se encontram na maioria dos livros de empreendedorismo. A analogia de causation é uma longa rodovia na qual se planeja onde começa e onde termina a estrada, já se deixando claro em quais cidades e regiões passará a rota. É estimada a quantidade de carros que circulará, assim como o custo de cada quilômetro pavimentado.

Em outra abordagem, que Sarasvathy chamou de effectuation, o empreendedor não pensa muito nas causas, mas se concentra no **efeito desejado**. Nesse caso, o efeito desejado pelo empreendedor é ter um negócio. Ele não pensa em todos os detalhes do empreendimento e tampouco sabe aonde o negócio vai chegar. A analogia do effectuation é andar em uma cidade que não conhece: você se sente seguro em ir até a próxima esquina; quando chega lá, olha em volta e se sente confortável em caminhar mais dois quarteirões e assim por diante. Se se perder, talvez lembre como voltar ao ponto original, mas, em última instância, tem dinheiro para pegar um táxi. Se algo der errado nessa aventura, está preparado para gastar mais dinheiro para conseguir voltar para casa.

Saravasthy explica que, para começar um empreendimento, você deve esquecer o plano de negócio, pelo menos no início. No estágio inicial:

- Comece com o que você é, com o que conhece e com pessoas da sua rede (não com a identificação da melhor oportunidade "do mundo").

- Invista naquilo que possa perder sem prejudicar sua vida. Mesmo se o negócio não der certo, você terá outros meios de sobreviver.

- Construa uma rede de apoiadores (stakeholders) antes. Não se concentre na análise competitiva, antes reflita se algum conhecido compraria seu produto.

- Aprenda a tirar proveito dos seus erros. Se criar contingências para tudo, ficará imobilizado ou chegará à conclusão de que não vale a pena correr o risco.

¤ O futuro é o resultado do que as pessoas fazem. Seu negócio depende de você, portanto, não culpe o mercado.

O processo começa com o estágio de autoconhecimento do empreendedor. Perguntas como *Quem sou eu?*, *O que eu sei?* e *Quem eu conheço?* o ajudarão a entender quais são seus recursos atuais. Lembre-se de que já pensou sobre isso no exercício de reflexão pessoal "Geração de ideias a partir do seu perfil pessoal" (p. 77). Se pensar em uma dona de casa, ela pode dar respostas como: "Sou uma dona de casa e dependo do salário do meu marido. Sei fazer tarefas domésticas e cozinhar. Conheço minhas amigas do bairro, algumas pessoas do trabalho do meu marido, meus parentes". A mesma lógica pode ser aplicada por qualquer outra pessoa.

A próxima fase do Teste de Effectuation é entender o que é possível fazer baseado nas respostas da fase anterior (*Quem sou eu?*, *O que eu sei?*, *Quem eu conheço?*). Para a dona de casa, pode surgir uma série de opções como lavar e passar roupa, cuidar de crianças do bairro, cozinhar para fora, etc. Aqui se determinam as ações que ela poderia executar.

A seguir, é necessário interagir com pessoas que possam contribuir com a definição do negócio a ser iniciado, fazendo com que o empreendedor ganhe confiança na sua escolha porque começa a ouvir as necessidades em que ele poderia ajudar. No caso da dona de casa mencionada anteriormente, ela poderia chegar à conclusão de que é possível fazer doces e vender à vizinhança e a colegas de amigas que trabalham fora.

Em seguida, surge a etapa em que o empreendedor obtém o comprometimento de pessoas interessadas no negócio (*stakeholders*). Entre esses apoiadores, é possível citar as pessoas que vão investir, que serão fornecedoras e que comprarão o produto.

Desse processo podem surgir novos meios (novas formas de se fazerem negócios) ou novos objetivos, o que inclui a sua expansão. Essa é uma fase crítica para que alguém se torne um empreendedor de fato, ou seja, um empresário que consiga inovar, como fora destacado por Schumpeter e Drucker.

Figura 3. A lógica do effectuation. *Fonte*: Read e Sarasvasthy (2005, p. 53).

105

Teste: Effectuation

data:

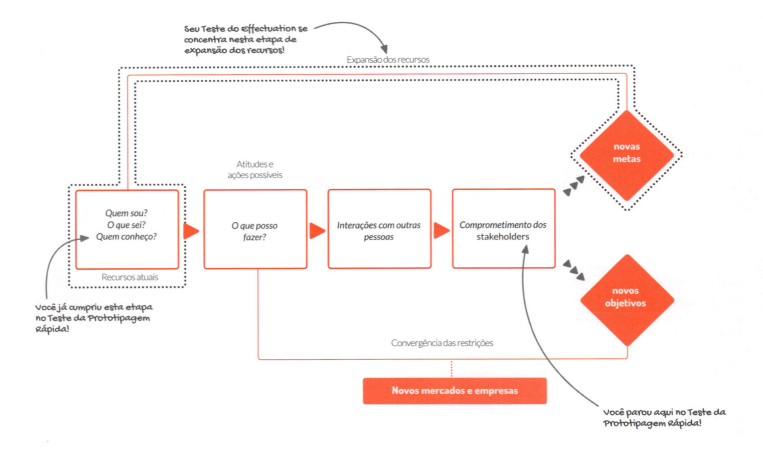

Workshop: utilize esta página para anotar suas ideias!

Instruções: você passou no Teste da Prototipagem Rápida e conseguiu vender alguns produtos ou serviços para algumas pessoas. Esse teste equivale à primeira parte do effectuation. Agora que sabe que o seu produto ou serviço tem comprador, deve encontrar novos meios para aumentar as vendas. Primeiro estabeleça uma meta bem alta de vendas. Antes de ir a campo de novo, leve em consideração aquilo de que o cliente não gostou na experiência de consumo e melhore esses pontos.

Teste da Prototipagem Rápida		Teste do Effectuation	
Vendas alcançadas: ___ unidades		Nova meta de vendas: ___ unidades ("efeito" desejado)	
Quem contatei nessa fase?		Quem vou contatar para atingir a meta nesta nova fase?	
O que fiz para concluir essas vendas?		O que posso fazer para atingir a meta nesta nova fase?	

Workshop: utilize esta página para anotar suas ideias!

Se pesquisar trajetórias da maioria dos empreendedores, perceberá que eles criaram seus negócios sob a perspectiva do effectuation. Começaram com um negócio que sabiam fazer, as vendas iniciais eram para amigos e conhecidos. Depois faziam vendas para amigos e conhecidos e para amigos e conhecidos dos amigos, e assim por diante. De uma forma ilustrativa, eles foram fazendo o Teste do Effectuation diversas vezes, sempre pensando em novos meios para expandir os recursos da empresa.

Desenvolvimento do cliente

Enquanto o Teste do Effectuation é mais indicado para novos negócios em setores tradicionais, empreendedores de negócios digitais e inovadores têm adotado a lógica do desenvolvimento de clientes (em inglês, customer development) para criar seus novos negócios. Essa abordagem é defendida pelo professor da Universidade de Stanford, Steve Blank (2012).

Ao estudar a criação de diversas startups de tecnologia que se tornaram grandes empresas, Blank entendeu que, no início, os empreendedores digitais não sabiam exatamente quem era o cliente. Empreendedores do Twitter ou YouTube, por exemplo, não sabiam quem, exatamente, poderia se interessar por seus produtos e serviços. Tinham uma vaga ideia, mas nenhum dado de pesquisa que sugerisse que havia uma oportunidade de negócio. Mesmo assim, eles colocaram os serviços em uma versão rudimentar (protótipo) no ar, e algumas pessoas começaram a visitar os *sites*. Essa é a fase inicial de busca e descoberta do cliente, segundo Blank.

Na fase seguinte da abordagem do desenvolvimento do cliente, Blank explica que é preciso que o cliente valide o protótipo do produto ou serviço (lembra-se do Teste da Prototipagem Rápida?). Em outras palavras, é necessário que o cliente comece a utilizar o produto ou serviço, mesmo que não seja a versão final. É a fase de validação. Caso o empreendedor não consiga validar o seu produto ou serviço, ou seja, não consiga encontrar pessoas dispostas a comprá-lo, é preciso retornar à fase anterior e tentar descobrir outro tipo de cliente. Isso passou a ser conhecido como "pivotar" o negócio.

No Teste do Desenvolvimento do Cliente, o empreendedor deve ficar na etapa de "busca do cliente" até encontrar um produto, serviço ou modelo de negócio que seja validado por uma leva de consumidores ou usuários chamados de adotantes iniciais (early adopters). Quando você encontrar uma quantidade de adotantes iniciais, o teste passa para a fase de execução da empresa propriamente dita. É o momento de conversão de outros potenciais interessados em clientes (pagantes) e da criação da empresa.

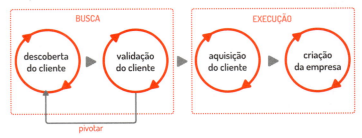

Figura 4. O processo de desenvolvimento do cliente. *Fonte:* Blank e Dorf (2012, p. 23).

O Teste do Desenvolvimento do Cliente pode ser bastante útil para negócios digitais como *sites*, aplicativos, *games*, blogues, etc. Negócios desse tipo podem nascer informalmente, quase como um passatempo do empreendedor. Veja alguns exemplos:

Tabela 5. Exemplos de aplicações do Teste do Desenvolvimento do Cliente

Situação inicial	Em 1994, David Filo e Jerry Yang eram estudantes de doutorado em engenharia elétrica na Universidade de Stanford e estavam tendo problemas para gerenciar todos os *links* da internet de que gostavam. Eles poderiam simplesmente guardar esses *links* em editor de texto, mas resolveram criar um *site* para listar aqueles de que mais gostavam, organizados por temas e subtemas.	Em 2005, após terem gravado alguns vídeos de uma festa na casa de Steve Chen, ele e seus amigos, Chad Hurley e Jawed Karim, não estavam conseguindo disponibilizar os vídeos para os amigos pela internet. Enviar por *e-mail* seria muito pesado. Resolveram criar um *site* para que todos assistissem aos vídeos.	Em 2006, André Garcia estava terminando o mestrado em psicologia social na PUC-Rio e enfrentava muita dificuldade para encontrar livros em sebos da cidade do Rio de Janeiro. Teve a ideia de reunir os livros dos sebos em um *site*, assim, poderia fazer a busca em várias lojas e depois comprar daquela que tinha o livro. Aprendeu a programar e lançou uma versão muito rudimentar de um *site* de busca em sebos.
Descoberta do cliente	Colegas da dupla que também tinham o mesmo problema passaram a utilizar o *site*.	Os amigos do trio também passaram a disponibilizar vídeos por esse *site*.	Milhares de pessoas tinham exatamente o mesmo problema. Mesmo quando o dono do sebo dizia que tinha o livro, era uma aventura saber onde ele estava.

109

Validação do cliente	Conhecidos desses colegas de outras faculdades, muitos sem nenhum vínculo com a academia, passaram a incluir os *links* no *site* de Filo e Yang.	E o *site* não parou mais de crescer, já que se tornou viral. Milhares de pessoas começaram a disponibilizar vídeos e a indicar o *site* para sua rede de contatos, que, por sua vez, também fazia a mesma coisa.	A propaganda boca a boca do *site* de André espalhou-se, e muitas pessoas e sebos passaram a utilizar o *site*.
Aquisição do cliente	O *site* cresceu tanto que começaram a aparecer anunciantes interessados em veicular publicidades.	Após um ano de atividade, cerca de 65 mil vídeos eram disponibilizados todos os dias, e 100 milhões de vídeos eram vistos diariamente.	No primeiro ano de atividade, o *site* rudimentar de André atingiu a marca de R$ 1 milhão em vendas.
Criação da empresa	Algo que era só uma ferramenta de uso pessoal passou a ser utilizado por milhares e depois milhões de pessoas ao redor do mundo, atraindo anunciantes. O sucesso foi tanto que a dupla decidiu criar o Yahoo! em 1995.	Tanto sucesso atraiu investidores, o que permitiu que o YouTube se consolidasse como uma das empresas de mais rápido crescimento em audiência na internet. Em 2009, a empresa foi comprada pelo Google por US$ 1,7 bilhão.	Com tamanho sucesso, não restou outra opção para André Garcia senão tocar a Estante Virtual e torná-la a maior empresa do comércio de livros usados no Brasil.

O Teste do Effectuation e do Desenvolvimento do Cliente são bastante parecidos com o ponto de partida do effectuation, ou seja, é uma ideia gerada a partir daquilo que você é, do que sabe e do que conhece. No Teste do Desenvolvimento do Cliente, o ponto de partida pode até ser o mesmo, mas nessa abordagem a ideia inicial do negócio pode ser qualquer coisa, mesmo que não tenha nenhum vínculo. Muitos novos empreendedores da internet iniciaram negócios com ideias geradas a partir do mercado (veja exercício da p. 84), aplicando o Teste do Desenvolvimento do Cliente. Colocaram no ar um protótipo do *site* (chamado de versão beta) e esperaram a chegada de interessados; só a partir da validação e da aquisição de clientes, pensaram mais seriamente na constituição da empresa. Esse teste pode ser aplicado juntamente com o Teste da Startup Enxuta, assunto do próximo tópico.

Startup enxuta

A expressão é estranha, mesmo para os especialistas no assunto, mas é assim que ficou conhecida no Brasil. Seja qual for a expressão que prefira utilizar (em inglês é *lean startup*), a abordagem de startup enxuta tornou-se muito popular entre os empreendedores de negócios digitais. Duas pessoas são as principais responsáveis por essa popularidade: Eric Ries, que cunhou a expressão, e Steve Blank, professor de Stanford que também já tinha apresentado a abordagem do desenvolvimento do cliente e passou a divulgar o trabalho de Eric Ries e o de Alexander Osterwalder, que desenvolveu a ferramenta Canvas do Modelo de Negócio.

Mesmo não sendo mencionada por nenhum dos dois, a abordagem de startup enxuta é, conceitualmente, muito parecida com a do effectuation, pois sugere a criação da empresa por etapas, sendo que a primeira é bastante informal, flexível e enxuta (sem muitos custos, portanto, com perdas mínimas em caso de fracasso). Dado o sucesso dessa primeira fase, toma-se a decisão de prosseguir. Em caso de fracasso total ou parcial da empreitada, é necessária uma reflexão sobre parar (e ir cada um para o seu lado) ou reinventar o negócio (ação que passou a ser chamada de pivotar) e tentar mais uma vez, mas de forma diferente.

Ainda que seja semelhante à abordagem do effectuation, a abordagem de startup enxuta pode ser muito útil para alguns tipos de negócios, principalmente as que se enquadram na categoria startup. Vários autores, entre eles Steve Blank e Bob Dorf (2012), defendem que uma startup é diferente de uma empresa nascente tradicional e não é uma versão pequena de uma grande empresa. Esses autores a definem como "uma organização temporária em busca de um modelo de negócio escalável, repetível e lucrativo", que implica a consideração de que o empreendedor está "em busca" de um modelo de negócio.

Isso é válido para negócios mais inovadores que ainda não têm referências consolidadas. Uma nova rede social pode não ter um modelo de negócio definido, enquanto uma pessoa que abre uma pequena farmácia numa esquina do seu bairro já o possui, uma vez que há outras milhares de farmácias iguais.

O modelo de negócio está associado a como se irá criar valor. Isso pode estar associado ao aumento do valor das vendas, lucros, número de usuários ou qualquer outra métrica que aumente o valor da empresa.[2]

E, por fim, a startup deve ser escalável (crescimento rápido, de preferência com o menor investimento possível), repetível (que possa crescer sem muitas variações, ajustes ou personalizações) e, é claro, (muito) lucrativa. Como a startup é uma organização temporária "em busca"

---

[2] A abordagem da startup enxuta está bastante associada à captação de recursos de investidores, daí a importância da preocupação em se aumentar o valor da empresa, já que o investidor investirá no negócio adquirindo uma parcela da organização.

de um modelo de negócio, é provável que tenha que mudar de modelo mais de uma vez até ser "escalável, repetível e lucrativa" (essa mudança, como já comentado anteriormente, passou a ser definida pelo verbo "pivotar").

Uma rede social de "donos de carros antigos" que tinha um modelo de negócio baseado em propaganda pode pivotar para um outro baseado na comercialização de peças de reposição, por exemplo. Por essa razão, a abordagem da startup enxuta é mais indicada para aqueles modelos de negócio que exigem poucos investimentos em ativos fixos ou em ativos fixos que possam ser ajustados para diferentes tipos de negócios rapidamente. Podem se enquadrar nessa categoria negócios digitais e empresas de consultoria, uma vez que seus ativos fixos são basicamente computadores. Negócios que exigem muito investimento em ativos fixos ou especializados, como uma padaria ou uma fábrica de sabão em pó, fica muito caro pivotar para algo muito diferente da ideia original.

A abordagem da startup enxuta pode se alinhar a todas as outras discutidas neste capítulo. A figura 5 ilustra o ciclo da startup enxuta.

O ciclo da startup enxuta inicia-se com a etapa de geração de ideias de negócio, desenvolvimento de um protótipo (conhecido na abordagem da startup enxuta como produto mínimo viável) que deve ser rapidamente testado com pessoas que representam o mercado consumidor. Nesse ciclo, as abordagens das técnicas de geração

Figura 5. Ciclo da startup enxuta. *Fonte:* Maurya (2012, p. 12).

de ideias, Canvas do Modelo de Negócio Ampliado, prototipagem rápida, desenvolvimento de clientes e effectuation podem ser aplicadas.

O objetivo desse primeiro ciclo é aprender se e como a ideia inicial do produto ou serviço resolve o problema do cliente. Muitas vezes, a hipótese inicial do empreendedor é validada e as pessoas passam a se interessar pelo produto mínimo viável (protótipo) e se tornam clientes. O modelo de negócio inicial pode se mostrar escalável, repetível e lucrativo. Nesse caso, é o momento de o empreendedor acelerar o crescimento com recursos próprios ou buscar apoio de investidores de capital de risco.

Pode ocorrer de as hipóteses iniciais de produto, serviço, modelo de negócio não se comprovarem. Nesse caso, será necessário aprender com o primeiro ciclo, modificar o produto mínimo viável e testá-lo novamente, inclusive com eventuais ajustes, modificações ou trocas de modelos de negócio, até se chegar a um escalável, repetível e lucrativo. Infelizmente, muitos empreendedores podem nunca chegar a esse estágio.

Para aumentar as chances de sucesso de uma startup, David McClure sugere que o empreendedor utilize a técnica AARRR, Aquisição, Ativação, Retenção, Receita e Referência, mas o empreendedor também deveria se preocupar em inicialmente chamar a atenção do futuro cliente; daí teríamos 3A3R (Atenção, Aquisição, Ativação, Retenção, Receita e Referência), como sugerido no quadro do próximo *workshop*.

Para ter uma startup bem-sucedida

data:

Instruções: utilize o quadro abaixo para fazer suas anotações sobre o trabalho que fará para ter sucesso em cada uma das etapas do 3A3R. Faça pesquisas na internet, pois há muitas soluções e ideias sobre como atrair a atenção de potenciais clientes, facilitar a aquisição de interessados, ativar interessados em clientes, reter clientes, pensar em soluções eficazes de geração de receita e incentivá-los a divulgar proativamente o produto da empresa para seus amigos e conhecidos.

Antes de aplicar suas soluções, valide-as com outras pessoas e empreendedores mais experientes do que você.

AAARRR	Desafio	Suas soluções para resolver esse desafio
Atenção	Como chamará a atenção do público-alvo?	
Aquisição	Como atrairá as pessoas do público-alvo para visitar o seu *site*?	
Ativação	Como os visitantes terão uma ótima primeira experiência?	
Retenção	Por que eles retornarão ao *site*?	
Receita	Por que e como eles gerarão receita para a empresa?	
Referência	Por que e como eles indicarão a empresa para seus amigos e conhecidos?	

Fonte: *Adaptado de Maurya (2012, p. 40)*.

Workshop: utilize esta página para anotar suas ideias!

Pare de falar em plano de "negócios"!

Tome cuidado com os extremistas!

Vale para terroristas, religiosos, políticos, torcedores e para qualquer outro dogmático arrogante. Tome cuidado com os modismos. Vale para o confrei, a sabona, a reengenharia e qualquer outro *power balance* em que você tenha acreditado.

Tome cuidado com os milagres prometidos por extremistas e modismos.

Até 2009, havia o dogma crescente de que novos empreendedores precisavam de um plano de negócio. No Brasil, a moda pegou a partir de 1999, com a então chamada economia *pontocom*. Diversos oportunistas pegaram carona e lançaram livros traduzidos do inglês, sem ao menos tomarem o cuidado de utilizar exemplos brasileiros. Na correria para ocupar o espaço, traduziram a expressão "business plan" como "plano de negócios" (e não plano de negócio ou plano do negócio), e a tradução equivocada pegou. E, como os extremistas prometiam planos que dão certo, muitos acreditaram nisso, e o documento se consolidou como um dogma para novos empreendedores. Uma década depois, muitos empreendedores passaram a questionar o plano no Brasil. "Escrevi um, e o negócio não deu certo", alegam. "Não é possível imaginar tudo o que vai acontecer com o negócio", afirmam outros. Era necessário algo mais milagroso do que o plano de negócio.

E veio. Em 2004, Alexander Osterwalder defendeu sua tese de doutorado. Cinco anos depois, esta se tornou o livro *Business Model Generation*, que propõe o artefato Business Model Canvas (BMC) para o planejamento de novos modelos de negócio. Desde 1994, com o lançamento de *Reengineering the Corporation: a Manifesto for Business Revolution*, de Michael Hammer e James Champy, uma prática proposta em um livro não se espalhava tão rápido. O BMC se tornou ainda mais atraente quando foi associado ao conceito de *lean startup* (LS), difundido por Eric Ries. Apesar de a expressão também ser equivocada, pois LS não segue os mesmos princípios do *lean manufacturing*, a abordagem tem atraído um número crescente de seguidores que acreditam na ideia de lançar um protótipo (ou produto mínimo viável ou MVP) no mercado quanto antes. Se o MVP pegar, ótimo. Se não, será necessário desenvolver um novo BMC (ou pivotar, termo difundido por Ries). Por fim, o Business Model Canvas e

o *lean startup* ganharam ainda mais destaque quando passaram a ser abençoados pelo professor Steve Blank, da Stanford University, e por sua abordagem *customer development*.

E agora, empreendedor?

Se pensa em empreender, tome cuidado com quem promete planos infalíveis. O plano de negócio pode ajudar no melhor entendimento da empresa, do mercado em que vai atuar e dos recursos que vai demandar. Mas isso não é garantia de sucesso. Também tome cuidado com os que prometem planos superflexíveis. Isso já foi previsto em outras abordagens, como o effectuation, e ser flexível funciona bem... na teoria. Na prática, tem a mesma sensação de um plano de negócio que não deu certo. Tome o cuidado de utilizar o que há de melhor nesses dois extremos. Há muita coisa boa!

Por fim, tome cuidado para não tomar muito cuidado. Caso contrário, não vai empreender nunca.

Hora de inovar!

Agora que você já teve uma ideia de negócio, testou-a de diferentes formas e tem mais confiança em que há mercado, é o momento de pensar em um produto ou serviço um pouco mais inovador.

Você está aqui

Mesmo que esteja satisfeito com a sua ideia de negócio do jeito que está, é essencial que reflita sobre a importância da inovação. Se tiver sucesso, muitos competidores o copiarão, e você terá que se reinventar. Como em um jogo de xadrez, o empreendedor sempre precisa vislumbrar seus movimentos futuros, sabendo como criar novos oceanos azuis quando aquele em que atua começar a ficar vermelho.

Neste capítulo, seu desafio será pensar diferenciações ou inovações para a ideia de negócio que selecionou, que podem ser incorporadas no produto ou serviço ou devidamente guardadas para serem realizadas no futuro.

Em geral, os empreendedores inovadores podem ser divididos em três grupos:

1 Alguns empreendedores de primeira viagem se adiantam e vislumbram ideias de negócios que são diferenciadas ou inovadoras. Steve Jobs sempre foi uma grande referência desse tipo de empreendedor. Seu biógrafo explica que, quando morreu, Jobs já tinha deixado inovações para os próximos cinco anos da Apple (Isaacson, 2011).

2 Outros acreditam que têm algo inovador ou diferenciado nas mãos, mas isso é ilusório, pois suas ideias não são verdadeiramente inovadoras ou diferenciadas.

3 E há um terceiro grupo de pessoas que só pensaram em uma ideia genérica de negócio, sem se preocupar com o fato de esta ser ou dever ser inovadora ou diferenciada.

Olhe a sua volta e verá centenas de negócios genéricos. São postos de combustíveis, lojas (de qualquer tipo de produto), restaurantes, bares de rua, oficinas de carros, clínicas/consultórios (médicos, advogados, dentistas, psicólogos e outros), fábricas, entre vários exemplos que poderiam ser mencionados. São negócios que oferecem o *mínimo esperado de um produto ou serviço*, e você, como consumidor, não percebe os diferenciais entre um e outro concorrente.

Um negócio diferenciado resolve os mesmos problemas e necessidades dos consumidores que um negócio genérico. Mas os consumidores têm uma clara **percepção de que o benefício é maior**, que há vantagens adicionais. Um produto ou serviço diferenciado tem mais criatividade, mais qualidade, melhor relação custo-benefício e cria um maior vínculo pessoal entre o bem e o consumidor. Até os remédios genéricos podem ser produtos diferenciados para algumas pessoas.

Determinar se algo é inovador é bastante polêmico, pois depende do conceito utilizado e do conhecimento de quem avalia. Mas, para o empreendedor de primeira viagem, um negócio é inovador quando cria, de fato, **uma experiência obrigatoriamente nova e obrigatoriamente melhor** na solução de um problema ou necessidade das pessoas que formam seu mercado consumidor. Não se preocupe com o fato de a ideia já existir em outro lugar, ela só precisa ser nova e melhor para o seu público-alvo.

Figura 6. Ideias de negócio: genérica, diferenciada e inovadora

Antes de responder a essa pergunta, você deve refletir sobre as diferenças entre uma ideia de negócio:

Genérica Diferenciada Inovadora

Bom, e agora? Sua ideia de negócio é genérica, diferenciada ou inovadora?

Se pensa em apenas atender à expectativa do seu futuro cliente, você tem uma ideia genérica de negócio nas mãos. Qual a expectativa de alguém que busca um hotel? Um quarto arrumado, limpo, seguro e tranquilo? Funcionários atenciosos? E o que se espera de uma oficina mecânica de automóveis? Um local limpo e organizado?

Funcionários que transmitam confiança? Quando atende somente à expectativa do cliente, você só está fazendo a sua obrigação. Não se pode abrir um restaurante que tenha uma comida ruim e um ambiente descuidado.

Agora, se pensa em abrir um negócio que vai **superar a expectativa do cliente**, então você tem uma ideia de negócio que pode ser diferenciada. O problema é saber se tem algo realmente diferenciado.

Vamos testar os seus neurônios: o que seria um hotel diferenciado? E uma oficina mecânica diferenciada? Como os clientes desses tipos de serviços, provavelmente, já conhecem vários outros exemplos de hotéis e oficinas, é sempre muito difícil criar estabelecimentos que de fato sejam diferenciados ou inovadores. Mas é possível.

Por fim, se quiser **surpreender o cliente** com algo que a maioria das pessoas do seu mercado-alvo (sempre vai haver uma ou outra) não conhece ou de que nunca ouviu falar, é provável que tenha algo inovador nas mãos.

A maioria das pessoas tem ideias genéricas de negócios, e apenas algumas têm ideias diferenciadas. São raros, raríssimos, os casos de empreendedores de primeira viagem que vislumbraram uma ideia verdadeiramente inovadora. E mais raros ainda são aqueles empreendedores que têm ideias inovadoras num contexto mundial, ou seja, ideias totalmente inéditas, que ainda não existiam em nenhum lugar do planeta.

Mas desenvolver um negócio diferenciado ou mesmo inovador não é difícil, se você tiver a disciplina de aplicar algumas técnicas como as mencionadas a seguir.

Desenvolvendo um negócio diferenciado

Se você ficou frustrado porque chegou à conclusão de que tem uma ideia genérica nas mãos, primeiro, não fique desesperado. Há vários excelentes negócios cujo objetivo não é surpreender o cliente, apenas oferecer exatamente aquilo que ele espera. Esses negócios fazem o básico muito, mas muito bem-feito. Pense nos hotéis Ibis da rede Accor, fundada pelos empreendedores franceses Paul Dubrule e Gérard Pélisson em 1973,[1] que oferece o serviço esperado pelo cliente. Em 1996, cinco jovens empreendedores largaram seus empregos para criar a Companhia Tradicional de Comércio, cujo primeiro negócio foi um bar na cidade de São Paulo chamado Original. Esse bar não ia oferecer nada além daquilo que um bom boteco deveria oferecer: chopes bem tirados e petiscos bem preparados. O negócio foi tão bem que os sócios decidiram criar vários outros negócios baseados apenas em clássicos da gastronomia, como o Pirajá (um bar carioca clássico), Bráz (uma pizzaria clássica) e a Lanchonete da Cidade (uma lanchonete clássica dos anos 1960). Em todos os negócios da Companhia Tradicional de Comércio, o cliente vai encontrar o básico ou, em outras palavras, produtos que já entraram para a história da gastronomia brasileira como "clássicos". Muitas vezes,

---

1   A Rede Accor foi fundada em 1967. Enquanto vários hotéis de luxo eram criados nas áreas centrais de Paris, Paul Dubrule e Gérard Pélisson acreditavam que havia espaço para hotéis padronizados e econômicos nos subúrbios da cidade. Como ambos trabalhavam nos Estados Unidos na área de informática, resolveram criar um hotel chamado Novotel, seguindo o modelo de hotéis padronizados norte-americanos.

fazer "só" o básico muito bem-feito já representa uma boa oportunidade de negócio. Abrir um restaurante que oferece uma comida tradicional, porém muito gostosa, pode ser um diferencial em uma região onde há vários restaurantes que oferecem uma comida "média".

No entanto, na maioria dos casos, uma ideia genérica ou básica de negócio não é o suficiente. Se já existirem concorrentes bem estabelecidos, você vai precisar oferecer algo diferenciado ou inovador!

Scamper

Há diversas técnicas que podem ajudá-lo a diferenciar sua ideia de negócio, o Scamper[2] é uma delas. Essa técnica de geração de ideias (*brainstorming*) é um acrônimo para *substitute* (substituir), *combine* (combinar), *adapt* (adaptar), *modify* (modificar), *put to other uses* (explorar outros usos), *eliminate* (eliminar) e *rearrange* (reverter).

Pode-se aplicar o Scamper sozinho ou em grupo, que sempre é mais produtivo. Convide sócios, amigos, colegas com diferentes perfis, uns com mais e outros com menos conhecimento sobre o negócio que você pretende criar, para participar da geração de ideias.

Marque uma reunião com todos e peça que deem sugestões para cada um dos elementos do Scamper.

---

[2] Algumas referências mencionam Alex Osborn como o criador do Scamper, outros citam Bob Eberle.

É importante que ninguém faça uma análise prévia ou juízo de valor de cada sugestão. Quanto mais opiniões, melhor.

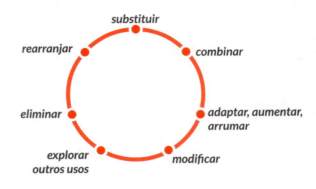

Figura 7. Scamper
Fonte: Have-Evans, 2006.

Depois disso, é só gerar sugestões para cada um dos elementos do Scamper, considerando, é claro, a sua ideia de negócio inicial. Ao passar por todos os tópicos do Scamper, você terá uma grande lista de como a sua ideia de negócio poderia ser diferenciada. Pode aproveitar a presença do grupo para discutir quais ideias teriam mais sentido para o mercado-alvo que se quer atingir. Se ainda não estiver satisfeito, aplique novamente o Scamper com outro grupo de pessoas.

A tabela a seguir pode ajudá-lo a gerar um número maior de opções.

Elemento	Direcionamento
Ideia inicial	Comece explicando que o objetivo da reunião é gerar o maior número de sugestões para a sua ideia inicial de negócio. Reforce que ninguém deve ter medo de sugerir algo que, em princípio, não tem nenhum sentido. As ideias podem ser anotadas em uma folha de papel e discutidas no fim da reunião, ou os participantes podem ir dando sugestões em voz alta. Depois, explique sua ideia inicial de negócio e comece a sessão de sugestões.
Substituir	O primeiro desafio para todos os presentes é sugerir o que pode ser substituído na sua ideia inicial. Será que é possível: *trocar ou mudar algumas das partes do seu produto ou processos do seu serviço? Substituir alguém envolvido? Alterar a lógica de como o negócio funciona? Usar outro ingrediente ou material? Utilizar outro processo? Trocar o nome do negócio, produto, processo?* Substituir algo, mesmo aquilo que seja o item mais importante, pode gerar negócios bem diferenciados. Tariq Farid criou uma floricultura que não vende flores. Ele substituiu os buquês de flores por buquês de frutas e fundou a Edible Arrangements em 1999, nos Estados Unidos.
Combinar	Como combinar materiais, interesses e conceitos na ideia inicial de negócio. Será que é possível: *combinar novas ideias no conceito inicial? Combinar outros propósitos com o objetivo inicial do negócio? Quais materiais (insumos, elementos) da ideia inicial podem ser combinados? É possível atender a outros interesses com a ideia inicial?* Uma das combinações mais sutis criadas por empreendedores foi a Starbucks, a maior rede de cafeterias do mundo, com mais de 16 mil lojas. Howard Schultz, empreendedor da Starbucks, não queria vender apenas cafés nas suas lojas, mas também queria oferecer momentos de tranquilidade. Isso explica por que as lojas Starbucks são repletas de assentos confortáveis.
Adaptar	Pense no problema ou na necessidade que sua ideia de negócio resolve. Seria possível adaptar outra solução já existente para resolver esse problema ou essa necessidade? Para responder a essa questão: *pense em qual problema/necessidade sua ideia de negócio realmente resolve. Lembre-se de que isso não é o óbvio em vários casos. Qual é o problema/necessidade que uma caneta Bic resolve? E uma caneta Montblanc? Pense em uma necessidade/problema similar, mas que ocorra em um contexto diferente.* Henry Ford criou a primeira linha de produção de automóveis a partir da adaptação de algo que tinha visto em um frigorífico, onde os animais eram pendurados em uma esteira e cada açougueiro cortava apenas uma parte específica de carne. Ford adaptou esse processo, imaginando-o em ordem inversa. Será que você consegue adaptar algo que já existiu no passado? Gilberto Lopes fundou a Hortifrúti, uma grande rede de varejo de produtos hortifrutigranjeiros, ao adaptar conceitos da feira livre em um ambiente requintado.
Modificar	A seguir, a ordem é pensar em modificações da ideia inicial. Pense em todas as características do seu produto ou serviço. Quais características poderiam ser modificadas? *Cor? Sabor? Cheiro? Forma? Textura? Será possível modificar características de produtos que são clássicos?* O italiano Rossano Boscolo acreditou que sim, criou uma pizza em formato de cone e fundou a Kono Pizza em 2002. O conceito já é sucesso em vários países.

Tabela 6. Questões para o seu Scamper

(cont.). Questões para o seu Scamper

Explorar outros usos

Aqui é preciso imaginar outros usos para a ideia original de negócio. Você imaginou que seu produto ou serviço teria um determinado uso, certo? Mas será que não poderíamos pensar em outros usos ou utilidades? *Pense em uma nova situação em que sua ideia de negócio poderia ser utilizada. Pense em novos tipos de clientes. Por exemplo, se você atendesse o público infantil, seu produto/serviço poderia ter novos usos? Será que a sua ideia de negócio não poderia ser útil para outros mercados? Seu produto ou serviço não poderia ter outros benefícios, além daquele que imaginou?*

São vários os exemplos de empreendedores que aplicaram essa lógica para gerar ideias de negócios diferenciadas. Tariq Farid, fundador da Edible Arrangements, buscou outro uso para seus arranjos: comê-los. Afinal, ele vende arranjos não de flores, mas de frutas. Brian Kurth fundou em 2004 uma agência de viagens que oferece outros usos para os tradicionais pacotes de viagens: além de permitir que o viajante conheça novos locais, ele pode treinar sua capacidade empreendedora, ao vivenciar a gestão do negócio que deseja criar no futuro.

Eliminar

Você precisa pensar em eliminar ou reduzir itens, componentes, características, processos ou ainda simplificar conceitos da sua ideia inicial. Pense em sugestões da seguinte forma: *Se eu pudesse simplificar ao máximo a minha ideia de negócio, como seria? Será que não consigo pensar em novas ideias de negócio, apenas eliminando elementos da ideia de negócio original?*

A ideia da Kono Pizza também levou em consideração a abordagem da eliminação e da simplificação, mas Rossano Boscolo foi além. Ele também pensou em um modelo de pizzaria que exigiria o mínimo de espaço e equipamentos.

Rearranjar

O objetivo deste tema é pensar em formas de rearranjar a sua ideia inicial de negócio. Você tinha imaginado sua ideia de negócio, como o produto ou serviço seria vendido. Mas será que não é possível repensar o que já foi imaginado? Você pode pensar em vender pacotes ou combinações de produtos ou serviços, em vez da venda individual. Caso tenha um comércio, pode rearranjar os produtos de uma forma diferente.

Analise a história de Caito Maia, fundador da rede de óculos de sol Chilli Beans. Entre outras diferenciações, Maia criou quiosques de óculos que ficavam (e alguns ficam) nos corredores de shopping centers (até então, eram vendidos nas lojas). O quiosque da Chilli Beans foi projetado de forma que todos os que passassem pelo corredor poderiam pegar e experimentar os acessórios sem nenhum compromisso.

Atividade: aplicando o Scamper para a sua ideia de negócio

data:

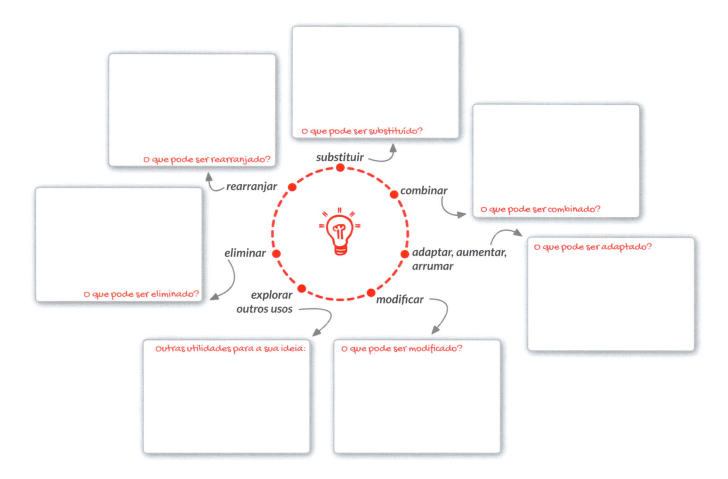

Workshop: utilize esta página para anotar suas ideias!

Desenvolvendo um negócio inovador

Em algumas (bem poucas) situações, uma ideia de negócio genérica ou básica bem executada pode ser suficiente para garantir o sucesso do negócio. Isso pode acontecer quando os concorrentes já existentes não conseguem nem fazer o básico bem-feito.

Na maioria das situações, um novo negócio deve ser pelo menos diferenciado, para ter alguma chance de ser bem-sucedido. Como já explicado, um negócio é diferenciado quando supera a expectativa do cliente.

Mas os **melhores empreendedores vão além da diferenciação e criam negócios inovadores, que surpreendem** (positivamente, é claro) o cliente. Você também pode ser um empreendedor inovador, para isso precisa entender o que é inovação e que ela cria novas e melhores experiências para o consumidor final.

A inovação era entendida como um produto ou serviço inédito que era lançado no mercado, ou ainda um processo inédito que era implantado em uma organização (o termo "inédito" significa que tal produto, serviço ou processo não existia antes). Assim, o número de produtos, serviços ou processos que poderiam ser considerados inovações era muito limitado, já que não era todo dia que alguém conseguia criar e lançar no mercado algo realmente novo. Segundo essa lógica, inovação era a lâmpada lançada pela empresa de Thomas Edison (Edison Electric), o telefone criado pela empresa de Alexander Graham Bell (Bell Telephone Company), a linha de produção de automóveis desenvolvida por Henry Ford (Ford Motor Company). Nenhuma das alterações sofridas pela lâmpada ou pelo telefone até os nossos dias poderia ser considerada inovação, mas para valorizar essas alterações evolutivas, criaram-se níveis de inovação.

Todos os produtos, serviços ou processos inéditos passaram a ser classificados por alguns especialistas como inovações "de ruptura" ou inovações "paradigmáticas", que são um tipo tão profundo, que cria mercados que não existiam antes. Quando um produto, serviço ou processo existe, mas é modificado e aprimorado, é chamado de inovação incremental.

Porém, em alguns momentos, a modificação e a melhoria são tão grandes que não podem ser classificadas apenas como "incrementais". Nesses casos, os especialistas as classificam como inovações "radicais". No caso da lâmpada, as lâmpadas fluorescentes e, agora, as lâmpadas de LED são exemplos de inovações radicais. Da mesma forma, o telefone celular pode ser considerado uma inovação radical, e a produção *just in time*, uma inovação radical de processo na produção de automóveis.

A partir de 2005, o Manual de Oslo incluiu mais duas categorias de inovação: organizacional e marketing. A inovação passou a ser entendida como o que ocorre quando uma empresa lança um produto, serviço, processo, método organizacional ou um método de marketing. O Manual de Oslo (2005) entende inovação de marketing como "a implementação de um método com mudanças significativas na concepção do produto ou em sua embalagem, no posicionamento do produto, em sua promoção ou na fixação de preços" e inovação organizacional como "a implementação de um novo método organizacional nas práticas de negócios da empresa, na organização do seu local de trabalho ou em suas relações externas". O problema é que essas duas novas categorias geram muita confusão para quem vai classificar a natureza da inovação.

Inovações organizacionais podem ser entendidas como inovações de processo, e inovações de marketing podem ser confundidas com inovações de produto ou de serviços.

Para evitar essa confusão, vamos considerar que há a inovação de produto, de serviço e de processo. Para os empreendedores de primeira viagem, também é importante entender que há a inovação em modelo de negócio. Isso não está associado a nenhum novo produto, serviço ou processo operacional, mas sim a novas formas de ganhar dinheiro. Empreendedores podem inovar ao criar novas formas de ganhar dinheiro em detrimento da forma tradicional de ganhar dinheiro com determinado tipo de negócio.

Você só conhece o McDonald's porque houve um sujeito chamado Ray Kroc que descobriu uma pequena lanchonete chamada McDonald's, que ficava em uma cidadezinha chamada San Bernardino, no interior do estado da Califórnia, nos Estados Unidos, e que negociou os direitos de reproduzir a lanchonete McDonald's por todo o território dos Estados Unidos por meio de franquias. Assim, o McDonald's só existe atualmente porque Kroc inovou o modelo de negócio, ou seja, na forma como a empresa dele ganhava dinheiro. Por vários anos, Kroc não lucrava com as taxas de franquias oriundas da venda de lanches e bebidas das lanchonetes McDonald's espalhadas pelos Estados Unidos; sua maior fonte de lucro era o aluguel que recebia dos imóveis que ele construía para o funcionamento das lanchonetes. Durante muito tempo, o McDonald's foi, fundamentalmente, um negócio imobiliário.

Nesse contexto, a inovação pode ser entendida na figura 8.

Figura 8. Inovação
Fonte: Tidd, Bessant, Pavitt (2001).

Como se não bastassem todas essas categorias e níveis de classificação, ainda resta a discussão sobre se a inovação ocorre em nível mundial (algo que o Manual de Oslo chamou de "inovação máxima"), em uma região ou país ("inovação intermediária") apenas ou no nível da empresa ("inovação mínima").

Empreendedores de primeira viagem precisam considerar a inovação na sua região; mais especificamente, a ideia de negócio deve ser nova para a maioria das pessoas do seu mercado-alvo, a qual vai depender da lógica de segmentação de mercado considerada no plano de negócio. O mercado-alvo de uma padaria, por exemplo, em geral é um bairro ou uma cidade, se esta for muito pequena, mas o mercado-alvo de um serviço prestado via internet é o país inteiro ou talvez o mundo inteiro.

Entretanto, essa inovação geográfica pode ser muito frágil. Outros concorrentes, atuais ou novos, podem ter a mesma ideia que você. Por isso, pense em outras inovações para o seu negócio. Talvez surja uma inovação que queira implementar imediatamente.

Há várias técnicas para gerar inovações para um negócio, até uma novidade no modelo de negócio (para isso, você pode utilizar o método do Canvas do Modelo de Negócio Ampliado), mas, em geral, as inovações mais populares são as de produto e de serviço. Para pensar em produtos e serviços inovadores, procure dominar duas técnicas de inovação: a arte da cópia e o design thinking.

A arte da cópia

Você vai achar estranho chamar uma técnica de inovação de "a arte da cópia", pois não tem sentido copiar, já que se trata de inovação. Para explicar essa técnica, é preciso entender como Steve Jobs inovava. Tudo aquilo que se refere ao empresário pode gerar polêmica, e essa técnica é uma interpretação de como ele imaginava produtos e serviços inovadores. A essência dessa técnica é organizar a lógica sobre como Steve Jobs desenvolveu os primeiros produtos da Apple. Muitos deles foram vislumbrados pelo empreendedor, mas desenvolvidos por dezenas de colaboradores talentosos. E muito daquilo que ele vislumbrou foi resultado de sua vida, de sua capacidade de percepção e de sua forte personalidade. Apesar de tudo isso não poder ser reproduzido em uma técnica, essa abordagem ainda pode ser útil, pois tenta organizar as principais diretrizes utilizadas por um dos maiores gênios criativos de todos os tempos.

Para entender a lógica de inovação, antes é preciso compreender quatro premissas seguidas por Steve Jobs:

1 Desenvolva produtos grandiosos para as massas!

Dois colaboradores da fase inicial da Apple explicam bem o ideal de Jobs: "Jobs se via como um artista e incentivava a equipe do projeto a se ver dessa forma também. A meta nunca foi vencer a concorrência ou ganhar muito dinheiro; era fazer a coisa mais grandiosa possível e até um pouco mais", disse Andy Hertzfeld. "Ei, já que é para fazer coisas na vida, que sejam bonitas", complementou Bud Tribble. "Adoro quando se pode levar um *design* realmente ótimo e simplicidade de uso para algo que não custe muito. Foi a visão original da Apple. Foi isso que tentamos fazer no primeiro Mac. Foi isso que fizemos com o iPod", explicou Jobs.

2 Seja grandioso em todos os detalhes!

Há vários exemplos que podem ilustrar essa lógica de Jobs, mas um dos principais é a mítica frase: "Eu quero que seja o mais bonito possível, mesmo que esteja dentro da caixa. Um grande marceneiro não vai utilizar madeira vagabunda para o fundo de um armário, mesmo que ninguém o veja."

3 Simplifique! Torne óbvio!

Muito da genialidade de Jobs está nessa premissa. Ele até buscava inspiração em outras ideias, mas tinha o dom e a obsessão de tornar seus produtos óbvios. Para ele, "a simplicidade era a máxima sofisticação" . E o elemento central da simplicidade era fazer os produtos intuitivamente fáceis de usar. "O principal do nosso design é que temos de fazer as coisas intuitivamente óbvias", dizia.

4 Copie, roube o que há de melhor!

De todas as premissas, essa é a mais polêmica e a mais importante. Duas frases de Jobs explicam bem essa lógica: "Quer dizer, Picasso tinha um ditado que afirmava que artistas bons copiam e grandes artistas roubam. E nós nunca sentimos vergonha de roubar grandes ideias". E "tudo se resume a tentar se expor às melhores coisas que os seres humanos fizeram e, depois, tentar trazer essas coisas para o que você está fazendo". Mas antes que se exalte com essa afirmação, notará que esse "roubo" de que Jobs fala se refere a buscar inspiração em situações similares ou distantes.

Steve Jobs não revelou nenhuma técnica sobre como "copiava", mas David Murray (2011) publicou um livro que pode ser útil para esses casos. Ele afirma categoricamente que **todas as inovações do mundo foram copiadas**, o que tira um peso enorme das suas costas. Você também pode copiar para criar produtos inovadores. No entanto, para ser um gênio criativo, precisa aprender a copiar a distância, de situações que estão aparentemente longe da atual realidade do seu produto. Se copiar de perto, será apenas um plagiador, um mero ladrão de ideias.

A técnica A Arte da Cópia foi desenvolvida por mim para o Movimento Empreenda, em 2012. O objetivo desse projeto é organizar a forma como o empreendedor pode desenvolver sua habilidade de copiar os outros ("copiar" é um termo muito forte e é utilizado apenas para chamar a atenção. Pode-se chamar essa técnica de "arte da inspiração", porque, na verdade, você busca inspiração em outras situações e até em seus concorrentes mais próximos. Aprenda com Steve Jobs.

¤ Copie de lugares próximos!

No início, Jobs inspirava-se na ideia de Edwin Land, da Polaroid, sobre a importância de as pessoas serem capazes de estar na intersecção entre humanidades e ciências. A Apple ainda era uma empresa de garagem quando Jobs viu os anúncios da Intel que mostravam carros de corrida e fichas de pôquer para ilustrar o desempenho dos produtos da empresa. Queria algo nessa linha e convenceu Regis McKenna, o publicitário da Intel, a trabalhar para a Apple. O objetivo mais importante para Jobs era fazer o que Hewlett e seu amigo David Packard haviam feito: criar uma companhia tão imbuída de criatividade inovadora que sobreviveria a eles.

¤ Copie de situações similares!

Desde a infância, Jobs aprendeu a admirar as casas de Joseph Eichler, produtos bem projetados para a grande massa (era a casa onde morava). "Foi a visão original da Apple. Foi isso que tentamos fazer com o primeiro Mac. Foi isso que fizemos com o iPod". O conceito de desktop da Apple seguiu a lógica de uma mesa de trabalho sobre a qual várias coisas podem ser manipuladas, abertas, empilhadas, organizadas e até jogadas na lixeira. Em Reed College, no curso de caligrafia, ele aprendeu a apreciar fontes tipográficas e as emoções que elas transmitem – havia fontes mais sérias e outras mais divertidas – e levou essa experiência aos Macs. O ícone da lixeira, fácil de ser compreendido, ajudou a definir as demais interfaces gráficas, e, a partir dele, os demais ícones também deveriam apresentar o mesmo nível de simplicidade.

¤ Copie de contextos distantes!

A inspiração do design externo do Apple II veio de um processador de alimentos da marca Cuisinart, que Jobs viu na seção de eletrodomésticos da Macy's. A obsessão de Jobs por cantos arredondados vinha do seu entendimento de que isso remetia a algo familiar ao consumidor. "Há retângulos de cantos arredondados por todas as partes", dizia. Quadro branco, tampo de mesa, janelas de carros, painéis de anúncios, placas de rua. Além disso, os cantos arredondados deixavam os produtos mais simpáticos. Isaacson relata:

> [Jobs] viu nascer uma bezerra e ficou pasmado quando o minúsculo animal lutou para ficar de pé e depois de minutos começou a andar. [...] e relacionou isso com hardware e software. [...] Era como se alguma coisa no corpo do animal e no seu cérebro tivesse sido projetada para trabalhar em conjunto instantaneamente, em vez de ser aprendida.

Além de saber copiar, Jobs sabia se influenciar, já que dava importância a poucas coisas produzidas por outras empresas, mas deixava claro quando isso acontecia. Era fã dos carros da Porsche, Mercedes, das facas Henckel, dos aparelhos Braun, das motos BMW, das fotografias de Ansel Adams, dos pianos Bösendorfer, dos aparelhos de som Bang & Olufsen, dos vidros e cristais da Tiffany's, das luminárias Richard Sapper, dos móveis de Charles e Ray Eames, dos produtos da Dieter Rams na Braun e dos estilistas japoneses Issey Miyake e I. M. Pei, além dos visuais clássicos de produtos que não saem de moda, como o Fusca.

Atividade: a arte da cópia

data:

Instruções: utilize esta técnica para a geração de ideias sobre como tornar o produto, o serviço ou o negócio mais inovador. Inovação vai além dos aspectos estéticos da forma e da utilidade, abrangendo toda a experiência que o consumidor tem com a sua empresa, desde o primeiro contato até o descarte do produto.

Produto/Serviço: _____

Aprenda a copiar em três etapas

Copie de:		Dicas	Ideias para o seu produto, serviço ou negócio
Pouco inovador ↕ Muito inovador	Lugares próximos	1. O que pode ser copiado dos seus concorrentes diretos e indiretos? Steve Jobs ficava atento a todos os lançamentos. Era um dos primeiros a chegar às lojas para testar os lançamentos, mas talvez o exemplo mais citado seja a interface gráfica e a tela de *bitmap* que copiou da Xerox.	
	Situações similares	2. Quais as metáforas ou analogias que podem ser aplicadas ao seu produto? Aqui começa a genialidade de Jobs. Ele e sua equipe eram craques em identificar situações similares (metáforas, analogias) que poderiam ser aplicadas a uma determinada característica do *design* do produto. Um bom exemplo, no início da Apple, foi o conceito de *desktop* (mesa de trabalho), o local onde você organiza seus documentos, anotações, planilhas e até a lixeira.	
	Contextos distantes	3. Que inspirações podem ser trazidas de longe e aplicadas ao seu produto? Este é o ponto alto da capacidade de Jobs e sua equipe: buscar inspiração em eletrodomésticos, carros, placas de rua. Jobs, pasme, viu a importância da integração de *hardware* e *software* (os produtos da Apple sempre foram sistema integrados) no nascimento de uma bezerra, que logo após nascer já caminhava de forma autônoma.	

Workshop: utilize esta página para anotar suas ideias!

Design thinking

Design thinking é mais uma dessas expressões em inglês de difícil tradução para o português. Essa técnica é especialmente útil, caso você considere inovação como uma experiência nova e melhor para o seu cliente.

Mesmo tendo sido mencionado pela primeira vez em 1969 por Herbert Simon, que entre outros méritos ganhou o prêmio Nobel de economia em 1978, design thinking ainda é pouco conhecido (e por isso mesmo, pouco aplicado) no Brasil.

Por abranger uma série de conhecimentos, ainda não há uma definição consensual do que é. Como orientação, essa abordagem pode ser definida como sendo uma técnica prática e criativa de resolução de problemas que olha para um resultado futuro melhor, segundo Simon (*ibid.*, p. 55)

Entretanto, para empreendedores interessados em desenvolver inovações, design thinking é uma ferramenta tão poderosa, que pode ser igualmente aplicada por empreendedores em negócios de altíssima tecnologia ou por empreendedores em negócios muito tradicionais e simples, como um restaurante, um pequeno comércio ou uma prestadora de serviço (por exemplo, um lava-rápido).

Nesse contexto, empreendedores devem esquecer momentaneamente o conceito de inovação como novo produto ou novo processo. Para inovar segundo a abordagem do design thinking, é preciso pensar no *design* (formatação, forma, conceito) de novas experiências para as pessoas do seu mercado-alvo.

Design thinking em um lava-rápido

Imagine um sujeito interessado em abrir um lava-rápido inovador. O que ele poderia fazer?

Em uma abordagem tradicional, ele começaria a pensar em coisas para oferecer no lava-rápido – isso incluiria serviços, facilidades, produtos, etc., tornando sua empresa inovadora porque ninguém oferece isso na região –, o que estaria muito bem, pois o empreendedor estaria tentando criar diferenciais para o seu negócio!

Na abordagem do design thinking, a primeira coisa em que ele precisaria pensar seria a resposta para a pergunta: qual é a experiência que as pessoas do meu mercado-alvo têm (agora) com os serviços de lava-rápido? Com essa pergunta na cabeça, precisaria observar clientes de outros lava-rápidos, usar os serviços e fazer anotações, entrevistar usuários e, se possível, até trabalhar como lavador de carros por algum tempo.

Depois disso, ele deveria buscar uma resposta para a pergunta: qual seria uma experiência altamente relevante e diferenciada que eu poderia oferecer para o meu cliente? Só após conceber essa nova e melhor

> experiência, pensaria nos diferenciais que incluiria no seu estabelecimento.
>
> Enquanto na abordagem tradicional a inovação nasce de dentro (da empresa) para fora (cliente), no design thinking o processo é inverso.
>
> Abordagem tradicional: pré-conceito.
> Design thinking: pós-conceito.

O empreendedor precisa entender design thinking como o desenvolvimento de **novas experiências diferenciadas** para o seu cliente. Vista dessa forma, a abordagem transforma-se em algo simples para vislumbrar oportunidades que inovem.

De todas as empresas que utilizam design thinking, a Ideo, uma empresa de consultoria em *design*, sediada na cidade de Palo Alto, Califórnia, é de longe a mais conhecida, reverenciada e admirada. A Ideo é uma fábrica de inovações de impacto mundial, cujo trabalho e também o seu fundador, David Kelley, todos os empreendedores inovadores de qualquer segmento precisam conhecer. Em uma palestra no MIT, Tim Brown (2006), CEO da Ideo, contou um pouco sobre como a empresa utiliza o design thinking para desenvolver inovações: basicamente, trabalha com três fases distintas (Imaginação, Idealização e Implementação) para criar um conceito inovador, testá-lo e implementá-lo. Observe a figura 9.

É claro que todas as fases são muito importantes para a Ideo, mas a primeira etapa, a da observação e do questionamento, é fundamental para a formatação da nova experiência inovadora. Para que isso ocorra, a empresa põe seus colaboradores para fazer pesquisa de campo de diversas formas. Por exemplo:

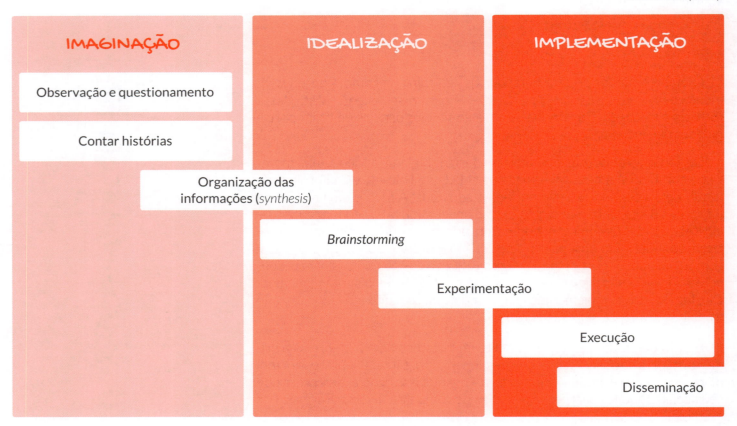

Figura 9. Design thinking na Ideo
Fonte: Brown (2006).

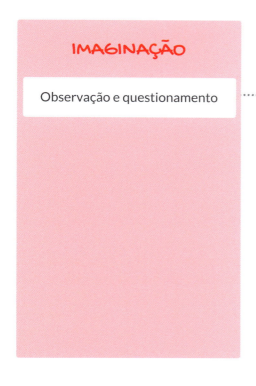
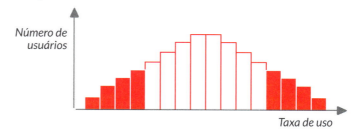

Figura 10. Buscando *insights* para a inovação. *Fonte*: Brown (2006).

Entre outras iniciativas, a Ideo faz:

1 Pesquisas etnográficas: seus pesquisadores vivem as mesmas experiências que o consumidor-alvo da inovação, da forma mais real possível.

2 Identificação de situação análoga: seus consultores tentam identificar situações semelhantes às vividas pelo indivíduo no momento do consumo do produto. Brown compara a situação de um pit-stop de uma corrida de carros com a sala de emergência de um hospital.

3 Observação e entrevista de usuários que usam muito ou pouco um determinado produto. Os que usam muito já criaram macetes. Os que usam pouco podem levantar dúvidas sobre usos do produto que outros consumidores veteranos poderiam considerar óbvias.

O objetivo dessas iniciativas é entrar no mundo dos consumidores para identificar *insights* que serão relevantes na discussão de ideias (*brainstorming*) para a formatação da experiência a ser oferecida ao consumidor.

Outra etapa crítica no processo da Ideo é a experimentação, em que, por meio da prototipagem rápida, o conceito da experiência é rapidamente transformado em algo tangível para que possa ser experimentado pelas pessoas. A prototipagem rápida não se restringe a produtos, mas engloba serviços, como uma nova loja de varejo.

Ao experimentar fisicamente o protótipo, as pessoas podem dar suas opiniões e fazer críticas para aperfeiçoar a experiência final que será oferecida aos consumidores. Isso é bastante diferente de imaginar uma ideia para daí se comentá-la ou criticá-la.

Enquanto o Scamper é muito prático para criar produtos diferenciados, o design thinking oferece condições para que o empreendedor desenvolva inovações de fato.

Para aplicar a técnica do design thinking no seu negócio, antes é preciso respeitar os três blocos de ações sugeridas:

Imaginação

Você precisa livrar-se de todos os preconceitos a respeito das pessoas que formam o seu mercado consumidor. Nessa etapa, aja como um antropólogo totalmente imparcial que observa o fenômeno que a sua empresa quer resolver por meio de um produto ou serviço inovador, reforçando que, nesse momento, você não deve se adiantar e pensar em como seria o produto ou serviço em si, mas em qual é a experiência que o consumidor vivencia ao tentar resolver seu problema ou necessidade. No exemplo do lava-rápido, seu papel seria observar como as pessoas lavam seus carros, em especial aquelas que realmente vão até um lava-rápido. Essa etapa é dividida em duas fases:

Observar e questionar: em princípio, você deve repetir a experiência que o seu cliente tem. Baseando-se no exemplo anterior, leve seu carro a diferentes lava-rápidos. Documente a sua experiência, desde a escolha do local até a finalização do serviço de lavagem. Anote o que gostou, o que não gostou e o que pode ser melhorado. Depois, pense em situações análogas à experiência de ter seu carro lavado daquela forma. Se for o caso, utilize a atividade "A arte da cópia" (p. 131) novamente para encontrar metáforas ou analogias, que possam ser aplicadas ao seu produto e inspirações que possam ser trazidas de longe e aplicadas à sua ideia. Em seguida, banque o pesquisador e entreviste as pessoas que utilizam muito ou pouco o produto ou o serviço. Questione às pessoas que o utilizam muito sobre os "macetes" que desenvolveram para adquirir ou utilizar determinado produto ou serviço. Questione sobre o que é bom e o que poderia ser melhorado. Quanto àqueles que o utilizam pouco, tente entender os problemas que enfrentam ao utilizar o serviço – desse modo, podem surgir diversas oportunidades para se pensar em ideias inovadoras. Também pergunte sobre o que não consegue entender naquele produto ou serviço. Aqui, o principal é ir para o mundo real para observar, ouvir e experimentar.

Ouvir histórias: o objetivo é pedir às pessoas que já utilizaram o produto ou o serviço que contém alguma história – boa, ruim, engraçada ou triste – em que o produto ou o serviço esteja inserido. Lembre-se de que você está no papel de um antropólogo. Anote e grave tudo para analisar posteriormente. Esta será a etapa de organização das informações.

Ideação

A partir da observação da experiência atual que os consumidores têm com o seu produto, das analogias e situações similares, das entrevistas com clientes que utilizam muito ou pouco o produto ou o serviço e das histórias ouvidas, já é possível gerar ideias (*brainstorming*) sobre como seria a melhor experiência de consumo para o seu público-alvo. Nesta etapa, é possível pensar em duas ou três experiências de consumo diferentes, pois a etapa seguinte será transformá-lo em protótipo e testá-lo. O Teste da Prototipagem Rápida (p. 103) pode ser repetido aqui com as diferentes experiências. As diferentes experiências de um lava-rápido, por exemplo, podem ser testadas em uma simulação teatral em uma sala em que certa pessoa faz o papel do sujeito que chega com o automóvel e assim por diante. A simulação também pode ser feita em um galpão ou mesmo em uma área aberta e, nesse caso, o carro pode ser lavado de fato. Essa é a etapa de experimentação. É importante que as simulações sejam feitas com pessoas do seu público-alvo para que depois as experiências sejam validadas, ou seja, é necessário entrevistar as pessoas que passaram pela experiência simulada para coletar suas percepções sobre a atratividade (ou não) daquilo que foi imaginado como uma experiência inovadora de consumo. O ideal nessa etapa é que apenas uma experiência se destaque como a melhor, pois será executada na próxima.

Implementação

Esta é a parte final da técnica do design thinking. Aqui, a experiência escolhida é planejada como um produto ou serviço em todos os seus detalhes. É provável que novos protótipos sejam desenvolvidos e testados com o público-alvo novamente, mas o objetivo final é levar o serviço ao mercado e disseminá-lo.

137

Atividade: **design thinking para empreendedores**   data: ☐ ☐ ☐

Blocos	Ações	Suas anotações
Imaginação	Observe e questione	Viva como seu cliente (como?)
		Exemplos de situações análogas (quais?)
		Insights de clientes que utilizam muito (o quê?)
		Insights de clientes que utilizam pouco (o quê?)
Ideação		Ouça histórias (anote os resumos) Organize as informações mais relevantes (que podem ser úteis para o *brainstorming*)
		Brainstorming (Qual a experiência mais atrativa e inovadora para o cliente final?)
Experimentação (Como esta experiência poderia ser simulada em um protótipo?)		
Implementação		Execute (detalhes de planejamento do produto ou do serviço)
		Dissemine (plano de lançamento do novo produto ou serviço)

Workshop: utilize esta página para anotar suas ideias!

Em paz com a inovação

A próxima afirmação é polêmica. Pense em uma inovação... Ela foi copiada! Mas e Steve Jobs, Henry Ford...? Copiaram... Só passei a compreender melhor a inovação a partir do momento em que aceitei essa afirmação como premissa.

Já há alguns anos a inovação passou a ser o fetiche das organizações. A inovação explica por que determinada empresa cresceu ou perdeu mercado, mas ainda continua a ser algo enigmático e frustrante para boa parte das empresas. Se você pedir a opinião franca de um gestor de inovação, ele ou ela não estará muito satisfeito com a capacidade inovadora da sua empresa. Dê uma olhada nos *rankings* de empresas inovadoras e ficará em dúvida quanto a se algumas empresas deveriam estar lá. Analise os finalistas de competições de empreendedorismo inovador e tire suas próprias conclusões quanto a se todos são realmente inovadores. Muitos investidores de capital de risco e agências de fomento têm tido uma imensa dificuldade em investir em projetos realmente inovadores.

Na contramão desses inovadores, estão os que apostam na cópia porque acreditam que mesmo os melhores inovadores foram exímios copiadores. Você continuaria admirando Steve Jobs e Henry Ford mesmo sabendo que o iPod foi inspirado no radinho de pilha da Braun e que a linha de montagem de carros foi inspirada na linha de produção do frigorífico *Swift-Armour*. Coincidentemente, a Ideo, referência em inovação, incentiva a cópia de ideias de situações análogas em seu processo criativo.

139

Mas David Murray, autor do livro *A arte de imitar*, alerta-nos de que há uma imensa diferença entre o ladrão, o cara esperto e o gênio criativo. O ladrão de ideias é aquele que copia, sem nenhuma modificação, de uma situação muito próxima. Isso é plágio. Pense nessa situação tomando um sorvete de iogurte. O cara esperto copia de um contexto similar.

Quando Constantino Júnior vislumbrou a oportunidade de criar a Gol, imaginou uma situação similar ao transporte terrestre de passageiros por ônibus já consolidada em sua família e trouxe para o Brasil o conceito de aviação de baixo custo que existia nos Estados Unidos. Ninguém o chamou de plagiador, mas de visionário. O gênio criativo copia de situações muito distantes do seu negócio e mesmo da sua realidade. A Apple foi buscar inspiração nas criações do *designer* da Braun nas décadas de 1950 e 1960 para desenvolver alguns de seus produtos. Henry Ford, ao visitar o frigorífico dos seus amigos Gustavus Swift e Philip Armour, notou como o gado era suspenso por uma corda, que se movia, parando para que um funcionário retirasse determinado tipo de corte.

Vislumbrou o processo ao contrário aplicado na fabricação de carros. Outro autor, Andrew Hargadon, que publicou o livro *How Breakthroughs Happen*, é mais suave na definição e chama copiar os outros de recombinação de ideias, o que também não deixa de ser verdade. Tudo isso para explicar que semana passada eu comi um cachorro-quente inovador.

Passeando pelo Shopping Continental, em São Paulo, notei uma minúscula loja com uma boa fila para ser atendida. Vi dois japoneses no comando da lanchonete, o conceito criativo da loja e frases do tipo "Kepôra eéssa?". Destaques para o Sushi Dog, um cachorro-quente enrolado em folha de alga marinha crocante, e para o divertido cupom sobre a salsicha japonesa. Agora estou em paz... com a inovação!

Paixões, propósitos e ambições

Se tudo deu certo até agora, você se descobriu empreendedor, teve várias ideias de negócio, selecionou algumas, testou uma e, em seguida, conseguiu diferenciá-la do que já existe no mercado ou até mesmo vislumbrou uma grande inovação que os consumidores irão adorar!

Quando fez a análise ICM (p. 30), intersecção dos seus *interesses* e *conhecimento* com demandas de mercado, você descobriu quais tipos de negócio poderia criar a partir daquilo que você é com aquilo que é demandado pelo mercado. Essa análise foi aprofundada posteriormente nos exercícios de reflexão pessoal (p. 76), bingo das tendências (p. 82) e análise de mercado (p. 84). Se a partir dessas análises você conseguiu identificar uma ideia de negócio que posteriormente passou pelos testes do Guardanapo, do Canvas do Modelo de Negócio Ampliado, da Prototipagem Rápida, do Desenvolvimento de Clientes e do Effectuation (negócios tradicionais) ou da Startup Enxuta (negócios digitais), seu negócio está indo no caminho certo. E você deve estar mais confiante na sua capacidade empreendedora e no potencial do negócio

que está planejando. Porém, antes de prosseguir, é preciso refletir sobre paixões, ambições e propósito do seu negócio, já que isso o acompanhará por toda a sua carreira empreendedora.

Quanto tempo dura uma paixão?

Nos testes anteriores, você analisou como transformar suas paixões (interesses) e conhecimentos em ideias de negócio. Mas quanto tempo vai durar a paixão pelo negócio? Muitos já falaram da crise dos sete anos do casamento, e muitos casais se separam. Quanto tempo vai durar o casamento com o seu negócio? Quantos empresários você conhece que não são apaixonados pelo que fazem? Há donos de restaurantes que não têm nenhum interesse pelo mundo da alimentação e prestadores de assistência técnica sem nenhum interesse em prestar ajuda, apenas para citar exemplos comuns. Olhe a sua volta e encontrará diversos exemplos de empresários que não gostam do que fazem.

Pode parecer romântico, mas os empreendedores são verdadeiramente apaixonados por sua área de atuação. E **os empreendedores mais vitoriosos são aqueles apaixonados pelo benefício do seu negócio e não pelo negócio em si**.

Qual é a sua paixão pessoal?

Todos nós desenvolvemos interesses por diversos assuntos durante a vida, mas os interesses vêm e vão, e cabe a nós entender as reais motivações deles, quais os interesses com potencial para se tornarem paixões duradouras e se essas paixões nos tornarão pessoas melhores.

O interesse para empreender não deve se restringir a um simples gosto pessoal, a um modismo ou a um passatempo, mas deve ser algo com que se possa desenvolver um aprendizado contínuo para o desenvolvimento de melhores soluções. Uma pessoa não deve abrir uma loja de vinhos apenas porque é um enófilo, mas porque gosta do desafio de continuar aprendendo sobre vinho e porque tal aprendizado pode oferecer melhores experiências aos seus clientes por meio dos produtos oferecidos.

A paixão de Sam Walton, fundador da Walmart, não era o comércio em si, mas o desafio de como sua empresa poderia vender melhor. Ele era motivado pelo desafio de oferecer a melhor variedade de produtos pelo menor preço.

Empreendedores de sucesso transformam sua paixão pessoal na declaração da missão do seu negócio. Na verdade, isso não é missão, é ideologia!

Ainda não conheço uma técnica infalível para alguém se apaixonar por alguma coisa. E isso seria ter pouca visão, já que o empreendedor precisa se apaixonar pelo benefício (proposta de valor) do seu negócio. Se pensa em abrir uma oficina mecânica de automóveis, uma doçaria ou uma loja de sapatos femininos, você deveria ser muito mais apaixonado pelo benefício desses negócios do que por carros, doces e sapatos, respectivamente. Mas qual é o benefício desses negócios?

Antes de prosseguir a leitura do texto, teste seus conhecimentos.

Teste: Qual é o benefício desses negócios?

Negócio	Benefício principal do negócio
Oficina mecânica de automóveis	
Doçaria	
Loja de sapatos femininos	

Essa discussão já foi iniciada no desenvolvimento do Canvas do Modelo de Negócio Ampliado quando você definiu o propósito do seu negócio. Agora é o momento de você rever o que foi definido, considerando as perspectivas de paixão, ambição e propósito.

A discussão quanto ao fato de que a paixão deve ser direcionada para o benefício do produto ou serviço e não para a coisa em si remete aos diferentes

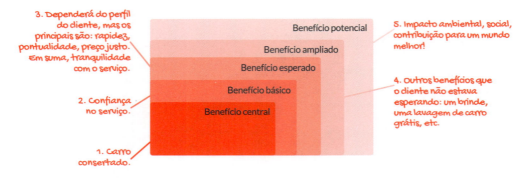

Figura 11. Benefícios de uma oficina mecânica de automóveis
Fonte: adaptado de Kotler e Keller (2006, p. 367).

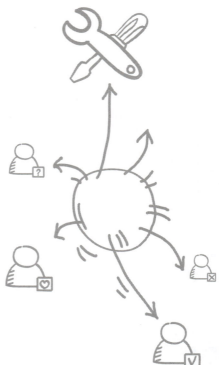

tipos de benefício de um negócio. Todo produto ou serviço pode ter até cinco níveis de benefícios, e os empreendedores mais visionários conseguem visualizar todos. Os empresários medianos não atentam nem ao primeiro nível.

O primeiro nível de produto é o **benefício central**. É o que o consumidor está realmente comprando: o cliente de uma oficina mecânica está comprando o conserto do seu carro. Muitos empresários não conseguem nem mesmo oferecer esse primeiro nível de benefício. São restaurantes de comida ruim ou empresas de teleatendimento que não resolvem o problema do solicitante.

O segundo nível é o **benefício básico**, em outras palavras é o bem ou serviço em si. O dono do carro está comprando não apenas o conserto do carro, mas também a confiança no serviço. Esse benefício já é observado na limpeza e organização da oficina, no atendimento simpático e ágil do mecânico (oficinas pequenas) ou da pessoa do atendimento (oficinas maiores), na precisão do diagnóstico do problema e na definição estimativa do custo do serviço.

O terceiro nível é o **benefício esperado** pelo consumidor, que depende do perfil de cliente que a sua empresa atinge ou espera atingir. O **benefício principal** que um cliente de uma oficina mecânica espera é a tranquilidade com o serviço e posteriormente com o carro. Esse benefício pode ser observado na rapidez do serviço e na pontualidade da entrega, na cobrança de um preço considerado justo, no perfeito funcionamento do item consertado, na total garantia do serviço. Bons empresários estão preocupados com esse nível de benefício. O benefício principal de uma doçaria não é apenas um doce gostoso (benefício central), tampouco um doce bonito e um atendimento gentil (benefício básico). Qual o benefício principal de um doce? O que uma pessoa que vai até uma doçaria quer comprar? "Doces", responderia o empresário mediano. "Doces bonitos e gostosos e um bom atendimento", responderia o empresário de uma doçaria comum. Mas o bom empresário saberia que o consumo de um doce é um "momento de felicidade" e que a loja vende "momentos de felicidade por meio de seus produtos". Esse seria o benefício principal. Da mesma forma, o empresário mediano de uma loja de sapatos femininos diria que vende sapatos (benefício central). Outros diriam que vendem sapatos confortáveis e bonitos (benefício básico), mas os mais preocupados com o benefício esperado pelo cliente da loja diriam que vendem "formas de uma pessoa se sentir melhor por meio dos sapatos".

Sentir-se melhor poderia significar beleza e conforto nos momentos de lazer, elegância nos momentos de trabalho ou festa ou comodidade no dia a dia.

Se conseguir definir os benefícios principais (esperados pelo seu perfil de cliente), você já terá boas condições de avançar no planejamento do seu negócio. Lembre que, infelizmente, ainda há boas oportunidades que só oferecem o benefício básico (pequenas oficinas mecânicas que pareçam confiáveis), ou mesmo só o benefício central (restaurantes com boa comida em uma região apenas com restaurantes ruins ou uma empresa de teleatendimento realmente preocupada em resolver o problema do solicitante).

Os empreendedores mais visionários não se contentam em entender o seu mercado consumidor para oferecer produtos e serviços com os benefícios esperados. Empreendedores assim querem superar a expectativa dos seus clientes e se esforçam para, constantemente, oferecer o benefício ampliado. Aqui, o empreendedor não se contenta em apenas consertar o carro (benefício central), parecer e ser confiável (benefício básico) ou deixar o cliente tranquilo com o serviço e com seu automóvel durante e após a prestação do serviço (benefício esperado). Ele pensaria em entregar o carro limpo ou lavado (sem cobrar por isso) ou faria parcerias com outras empresas para deixar um brinde adequado ao perfil do cliente. Uma cliente executiva que usa sapatos de salto alto, mas os troca por um "sapato para dirigir" poderia ganhar um saquinho, patrocinado por lojas de sapatos da região, adequado para guardar os calçados altos enquanto os outros são utilizados. Um cliente executivo poderia ganhar um bloquinho de papel para anotar suas "urgências do dia", e casais com filhos pequenos poderiam ganhar papéis com sugestões de atividade para fazer com suas crianças. Aqui vale a criatividade do empreendedor para superar a expectativa do cliente. E acredite: se realmente conhecer a expectativa (benefícios central, básico e esperado), conseguirá atingir o nível de benefício ampliado por meio de pequenos gestos ou de coisas muito simples como um saquinho, um bloquinho ou uma folha de papel.

E, por fim, há os empreendedores que se preocupam com todos os benefícios do seu negócio, mas querem fazer mais, querem utilizar a empresa para contribuir para um mundo melhor. Pessoas assim entendem que há o benefício potencial de posicionar suas empresas como agentes de mudança. E não estamos falando de organizações não governamentais ou filantrópicas. A oficina mecânica, por exemplo, poderia desenvolver um trabalho de inclusão social apoiando jovens carentes em cursos profissionalizantes de mecânica de automóveis. Os melhores alunos poderiam ser contratados pela oficina, e os melhores funcionários da oficina poderiam receber apoio para fazer cursos de gestão e empreendedorismo para liderar novas oficinas da rede no futuro. A oficina também poderia incentivar doações, recebendo livros e brinquedos usados que seriam distribuídos em campanhas de incentivo à leitura e à interação entre pais e filhos em regiões mais carentes. E ainda a oficina poderia pensar em atividades de reciclagem e gestão dos resíduos que gera. Os pneus, por exemplo, poderiam ser doados para empresas que reciclam e reutilizam esse material fabricando asfalto, produtos de borracha e até calçados.

Sua paixão deve estar associada aos benefícios!

Quanto mais alto for o nível do benefício do seu negócio, maior e mais duradoura tende a ser a sua paixão pelo trabalho. Empresários apaixonados somente pelo benefício central (conserto de carros, por exemplo) podem encarar isso apenas como um *hobby*, como um passatempo, e não como um negócio de fato. Há muitas empresas assim, em que o empresário divide sua paixão pessoal com os seus clientes, é um negócio que tenta preservar o estilo de vida do empresário – é o apaixonado por vinhos que abre uma loja de vinhos e se realiza com isso. O problema dessa paixão é quando o empresário se cansa do negócio e, principalmente, do tipo de cliente que atende – é o dono da loja de vinhos que se cansa de responder sempre às mesmas perguntas.

Empresários apaixonados pelo benefício básico (ter uma oficina confiável) tendem a se apaixonar por mais tempo, já que o seu prazer não está concentrado em apenas consertar carro, mas em atender bem seus clientes. O foco não está na coisa (conserto do carro), mas nas pessoas (clientes e seus problemas). Esse empresário teria mais paciência e dedicação para responder "às mesmas perguntas de sempre". O dono da loja de vinhos, por exemplo, tentaria até buscar novas respostas para as "perguntas de sempre". No entanto, o problema desse tipo de paixão é que o interesse ainda recai sobre a coisa em si (carros, vinhos, etc.) e não no benefício principal do negócio. A paixão pode continuar existindo, mas o mercado pode deixar de existir ou migrar para outra solução com o mesmo benefício. Pense no apaixonado por filmes que abriu uma locadora de vídeo: ele ainda gosta de filmes e de indicar filmes para o seu cliente, mas o seu cliente vai cada vez menos à locadora.

Nesse contexto, seria mais adequado que o empreendedor se apaixonasse pelo benefício principal (esperado). Isso permite que o empreendedor pense em outros benefícios centrais e básicos para que o benefício principal seja atingido. Se o benefício principal de uma oficina de carros é a tranquilidade do cliente com seu carro, quais outras soluções o empreendedor poderia oferecer para (e até cobrar de) seu cliente? Se o benefício principal de uma locadora é o entretenimento do cliente, inicialmente, por meio de filmes, o que poderia também oferecer para que o cliente obtivesse o mesmo benefício a partir de outras soluções?[1] Quando o empreendedor é apaixonado pelo benefício principal, a paixão pode durar mais tempo, pois os benefícios centrais e básicos podem se alterar no decorrer do tempo.

Quando fundou a empresa em 1969, Luiz Seabra, cofundador da Natura Cosméticos, não só era apaixonado por deixar as pessoas mais belas (benefício central) ou por cosméticos confiáveis (benefício básico), mas também por aumentar a autoestima das suas clientes[2] por meio dos cosméticos. Essa paixão persiste até hoje, e o conceito de "aumentar a autoestima" foi ajustado, em 1989, para "aumentar o bem-estar e o estar bem das pessoas".

Quando empreendedores se apaixonam verdadeiramente pelo benefício principal do seu negócio, essa paixão tende a durar a vida toda!

Os **empreendedores que querem crescer e fazer diferente** não se contentam apenas com a paixão pelo benefício principal. Empreendedores assim querem sempre superar a expectativa do cliente e, mesmo inconscientemente, são apaixonados pelo benefício ampliado do seu negócio. Empreendedores desse nível não querem ter apenas clientes, querem ter fãs. Há vários pequenos exemplos de empreendedores assim. Podemos encontrar donos de restaurantes que dão alguma surpresa

---

1   Poderia fazer parcerias para oferecer ingressos para *shows* e eventos? Poderia oferecer livros e revistas? Poderia oferecer um local ou café para aficionados conversarem?

2   O público-alvo inicial da Natura eram as mulheres.

149

ao cliente de vez em quando ou um hotel que deixa um mimo no seu quarto quando você não estava esperando. Mas exemplos de grandes empreendedores que querem, conscientemente, superar suas expectativas são raros.

Um exemplo sempre citado é Steve Jobs. Sua frase "Eu quero que seja o mais bonito possível, mesmo que esteja dentro da caixa. Um grande marceneiro não vai utilizar madeira vagabunda para o fundo de um armário, mesmo que ninguém o veja" representa bem esse tipo de preocupação. Para Jobs, tudo na Apple tinha que ser excelente, e você pode pensar da mesma forma. Pode ser a Apple das oficinas mecânicas ou a Apple das lojas de vinhos.

E ainda resta o nível mais alto das paixões: a paixão pelo benefício potencial do seu negócio. É assim que o seu propósito de vida se une ao propósito de existência da empresa. **Empreendedores assim querem não só fazer diferente, mas também fazer a diferença.**

Qual é o meu propósito?

No capítulo 2, "Empreendedor de primeira viagem", você refletiu sobre qual seria o seu significado; qual a importância disso na vida que você tem; qual será o seu legado quando morrer e o que terá feito que realmente valeu a pena ter vivido. Essas perguntas são feitas de trás para a frente. São respostas que você encontra no retrovisor da vida.

A pergunta sobre o seu propósito é o inverso das mesmas questões, olhando de agora em diante até o dia em que não estará mais aqui. O seu propósito está associado ao questionamento da sua missão pessoal e sobre como quer contribuir.

Pessoas muito jovens tendem a não se preocupar em buscar respostas para essas questões, e pessoas mais velhas tendem a acreditar que já não podem mudar o destino que "a vida" reservou para elas. Empreendedores não são bem assim. Sabem que quanto mais cedo descobrirem suas paixões e propósitos, mais cedo terão condições de terem significado.

Quando for pensar no seu propósito, não se concentre apenas nos grandes problemas do mundo, como a miséria, as doenças ou a poluição. Há muitas organizações sem fins lucrativos que trabalham com esses problemas e há também alguns empreendedores que fundaram negócios lucrativos que tentam combatê-los. Empreendimentos com fins lucrativos que também têm propósitos sociais são conhecidos como negócios sociais e há cada vez mais empreendedores que almejam criar empresas assim.

Empreendedor • Negócio	Descrição (dados de 2011)	Propósitos iniciais e atuais	Como começou
Muhammad Yunus • Grameen Bank	Graças a seu trabalho, Yunus ganhou o Prêmio Nobel da Paz em 2006, por provar que é possível montar um negócio lucrativo com amplos impactos sociais. Baseado em Bangladesh, o Grameen Bank é uma instituição financeira especializada em microcrédito. Desde a sua fundação, em 1983, emprestou mais de US$ 11 bilhões para mais de 8 milhões de pessoas, sendo que 96% dos tomadores de empréstimo eram mulheres empreendedoras.	Os objetivos iniciais do projeto eram: levar serviços bancários para pessoas de baixa renda, eliminar a agiotagem, criar oportunidades para trabalhadores autônomos, apresentar formato de negócios que pudessem gerenciar e criar um trajeto virtuoso de baixa renda, crédito, investimento, mais renda, maior renda. O propósito continua o mesmo, mas com foco maior nas mulheres, a fim de libertá-las da pobreza da repressão econômica. O projeto deu tão certo que desde 1983 a ideia de Yunus se transformou em um banco de verdade.	Yunus era professor de economia na Universidade de Chittagong quando criou um projeto de pesquisa chamado Projeto Banco Grameen em 1976. A ideia do projeto era fazer pequenos empréstimos para pessoas de baixa renda de uma pequena vila de Bangladesh.
John Mackey • Whole Foods	Para quem não conhece, a Whole Foods é uma rede de supermercados com mais de trezentas lojas, principalmente nos Estados Unidos, que fatura mais de US$ 10 bilhões e emprega mais de 61 mil pessoas. Mas, internamente, a empresa criou um modelo que realmente se preocupa com os clientes, os colaboradores, os fornecedores e os investidores.	Nasceu em Austin, Texas, em 1978, como uma pequena loja que vendia alimentos saudáveis. O propósito original durou até 1985, quando a empresa se reformulou e, a partir de então, o propósito foi ajustado para: vender alimentos naturais e orgânicos da mais alta qualidade, satisfazendo e encantando os clientes, visando à felicidade e à excelência de sua equipe, criando riqueza por meio de lucros e crescimento e visando à cidadania.	Cansado de ingerir comida nociva e da dificuldade de encontrar alimentos saudáveis, John Mackey e a namorada levantaram US$ 45 mil para abrir uma pequena loja de alimentos e produtos agrícolas a granel. O conceito de comida natural ou orgânica não existia, mas o casal acreditava que as pessoas da cidade tinham interesse em se alimentar melhor.
Luiz Seabra • Natura Cosméticos	Maior empresa brasileira de cosméticos, faturou cerca de R$ 5,5 bilhões em 2011. A Natura é uma das empresas mais respeitadas em seu segmento no mundo, destacando-se principalmente pela sua atuação inovadora e sustentável. O compromisso com a independência feminina existe desde a década de 1970 e com a sustentabilidade desde a década de 1980.	O propósito inicial era aumentar a autoestima das mulheres por aquilo que Luiz Seabra chamava de cosmética terapêutica. Desde o início, a empresa se posicionou no mercado de autoestima e não propriamente no de cosméticos. Em 1989, quando a empresa repensou sua estratégia, o propósito foi ampliado para "aumentar o bem-estar e o estar bem das pessoas", posicionando a empresa em produtos e serviços que promovam isso.	Seabra trabalhava numa empresa, no departamento de barbeadores elétricos, uma inovação no Brasil na década de 1960. Com isso, passou a se interessar pela pele do brasileiro e, consequentemente, por cosmética. Saiu da empresa para trabalhar em uma pequena empresa de produtos cosméticos, de onde saiu em 1969 para transformar sua crença (autoestima e beleza) na empresa que batizou de Natura.

Tabela 7. Exemplos de empreendedores e negócios com grandes propósitos

A **tabela 7** traz alguns exemplos de empreendedores que uniram seus propósitos de vida aos propósitos de suas empresas. Se pesquisar mais sobre eles, notará que há críticas quanto ao fato de que nunca fazem o suficiente: o Grameen Bank poderia ter ajudado mais pessoas, poderia ter cobrado juros ainda menores, poderia ter se expandido para outros países; a Whole Foods vende carne de vaca e comidas que têm açúcar sem considerar os diabéticos; a Natura compra produtos de fornecedores que não seguem as práticas sustentáveis. É importante que você saiba que empresas que têm propósitos maiores recebem críticas como as outras, mas permanecem firmes nas suas convicções de obter lucros e contribuir para um mundo melhor. Isso vai acontecer com a sua empresa, mas quanto maior for a sua paixão pelo seu negócio, menos abalado ficará com as críticas por tentar fazer diferente e fazer a diferença.

Se conduzir o exercício dos "Cinco Níveis de Benefício do seu Negócio" e encontrar respostas inspiradoras para os níveis ampliado e potencial, é bastante provável que consiga unir seu propósito de vida ao propósito do seu negócio. Empreendedores que chegam a esse estágio já não pensam em ter um negócio, mas em uma missão que devem cumprir por meio do seu negócio.

Exercício: Cinco Níveis de Benefício do seu Negócio

data:

Proposta de valor inicial (Canvas do Modelo de Negócio Ampliado)	Reescreva sua versão inicial da proposta de valor incluída no seu Canvas do Modelo de Negócio Ampliado

Benefício	Definição	Valide com outras pessoas
Central	Qual a necessidade mais crítica do seu cliente que o seu negócio deve resolver?	Esse é o problema mais elementar que o cliente quer que o seu negócio resolva? ☐ Sim ☐ Não
Básico	É o produto ou serviço em si. Quais benefícios um produto/serviço desta categoria, em geral, deve ter?	Esses são *todos* os principais benefícios genéricos dessa categoria de produto ou serviço? ☐ Sim ☐ Não
Esperado	Além dos benefícios genéricos que todo produto/serviço desta categoria deve ter, quais são aqueles que só o seu perfil de cliente espera? Inicie a lista com o que aprendeu na atividade de design thinking, depois aperfeiçoe-a com o que sabe sobre seu público-alvo e, por fim, valide com os clientes.	É isso que o seu cliente *realmente* espera? ☐ Sim ☐ Não
Ampliado	Quais outros benefícios sua empresa vai oferecer para seus clientes, além daquilo que é esperado, básico e elementar?	Seu cliente vai realmente se surpreender com esses benefícios? ☐ Não ☐ Acho que não ☐ Não sei ☐ Acho que sim ☐ Sim
Potencial	Quais outros benefícios sua empresa oferecerá para contribuir com um mundo melhor?	Esses benefícios são inspiradores para clientes, colaboradores, fornecedores e investidores? ☐ Sim ☐ Não

Workshop: utilize esta página para anotar suas ideias!

Qual é a minha ambição?

Depois de pensar em como unir a paixão e o propósito pessoal com o propósito do negócio, é o momento de refletir sobre o tamanho do empreendimento que pretende criar.

Basicamente há quatro ambições de crescimento para um novo negócio, de acordo com os pesquisadores Barringer e Ireland (2008).

Tipo de negócio	Propósito financeiro
Sobrevivência	É quase um trabalho autônomo para o seu fundador. O objetivo deste tipo de negócio é, basicamente, a subsistência do proprietário e, talvez, da sua família. São empresas de micro ou pequeno porte.
Estilo de vida	Este tipo de negócio permite que seu proprietário tenha algum estilo de vida e ainda garante que ele ganhe dinheiro com isso. Em geral, são empresas micro ou de pequeno porte, mas alguns negócios ganham escala e tornam-se empresas de grande porte, sem que o proprietário perca o seu estilo inicialmente almejado.
Crescimento gerenciado	São negócios que crescem organicamente, em geral, de forma lenta e muito bem pensada, por meio de novas lojas (comércio), aumento de capacidade (indústrias) ou de funcionários (serviços).
Crescimento agressivo	São negócios que precisam ter uma grande escala para se tornarem viáveis ou cujos proprietários são visionários e/ou ambiciosos para construir um negócio de grande porte em muito pouco tempo.

Tabela 8. Quatro tipos básicos de negócios
Fonte: adaptado de Barringer e Ireland (2008, p. 5).

Um dos lemas da Endeavor, uma das principais ONGs que apoiam o empreendedorismo no mundo, é: "sonhar grande e sonhar pequeno dá o mesmo trabalho". Mas nem sempre se sonha com um negócio "grande". O empreendedor pode sonhar com um pequeno e diferenciado, em geral, associado ao seu estilo. Para alguns tipos de negócio, principalmente nos segmentos industriais e de comércio, é como se manter competitivo diante da intensificação da concorrência. O que ocorre com as melhores empresas é que, no início, a ambição do empreendedor está associada ao seu estilo de vida. Com o sucesso do negócio, o empreendedor começa a sonhar mais alto e crescer de forma gerenciada.

A Mormaii, empresa brasileira de moda surfe, é um ótimo exemplo. Marco Aurélio Raymundo, conhecido como Morongo, era um médico na cidade de Garopaba (Santa Catarina), que gostava de pegar onda nas horas vagas. Como a água era muito fria, testou vários tecidos até conseguir desenvolver uma roupa de borracha. Os amigos gostaram e pediram roupas iguais, e assim aconteceu com os amigos dos amigos. Morongo foi praticamente obrigado a criar uma empresa para atender aos pedidos. Depois, lançou outros produtos, e a empresa continuou crescendo, mas, como ele não queria perder seu estilo de vida nem se transformar em um executivo de uma grande empresa, conseguiu conciliar sua rotina de surfista à de empresário sem sair de Garopaba. Planejou o crescimento, fez parcerias, criou uma rede de distribuição, e a empresa não parou de evoluir. Em 2011, o faturamento atingiu R$ 370 milhões.

Porém a transição também pode refletir os extremos, da sobrevivência ao crescimento agressivo. A Cacau Show encaixa-se nesse exemplo. Alexandre Tadeu da Costa tinha apenas 17 anos em 1988 e queria ganhar algum dinheiro para complementar a sua renda, para tanto decidiu vender ovos de Páscoa por encomenda no bairro em que morava em São Paulo. A ideia era simples. Tiraria os pedidos, receberia o dinheiro, pagaria ao fornecedor e ficaria com o lucro. Estava dando tudo certo até descobrir que seu fornecedor não fazia os 2 mil ovos de 50 gramas que havia vendido.

Faltando poucos dias para a Páscoa, nenhum outro fornecedor estava aceitando pedidos. Com a urgência da entrega, resolveu ele mesmo fabricar os ovos com a ajuda de uma pessoa que conhecera em uma loja de doces. Pegou dinheiro emprestado do tio, comprou a matéria-prima, fabricou os ovos, e tudo deu certo. Com o lucro do primeiro projeto, começou a fabricar trufas de chocolate para vender nas padarias da região. Com o aumento dos pedidos, montou uma pequena fábrica, que depois não parou mais de se expandir. A ideia era continuar crescendo, mas ele levou um calote de grandes varejistas que quebraram na década de 1990. O tombo quase fez a empresa falir, mas levou Alexandre a planejar melhor o seu negócio. Uma das alternativas que encontrou, implementada a partir de 2001, foi criar franquias. A meta de crescimento era extremamente agressiva: ter mil lojas até 2010. E ele conseguiu! Inaugurou a milésima loja na virada da década.

Como empreendedor, sua primeira ambição é garantir a sobrevivência da empresa, levando-a até um estágio em que haja a geração consistente de fluxo de caixa positivo. A partir desse ponto, a próxima etapa diz respeito a sua ambição para o negócio. Pode pensar em manter a empresa pequena, garantindo o estilo de vida que imagina, desde que consiga planejar um negócio diferenciado e competitivo. Caso contrário, sua empresa continuará no estágio de sobrevivência, lutando para manter o fluxo de caixa positivo. Aí, não haverá estilo de vida que resista às dores de cabeça de uma empresa prestes a ir à falência.

No entanto, os objetivos mais saudáveis para qualquer negócio estão associados ao crescimento, seja gerenciado ou agressivo. O crescimento gerenciado exige um planejamento detalhado das principais etapas de crescimento. E o crescimento agressivo exige, muito provavelmente, o apoio de investidores privados. Essa decisão não precisa ser tomada neste momento, mas é preciso ter em mente que "sonhar grande e sonhar pequeno dá o mesmo trabalho".

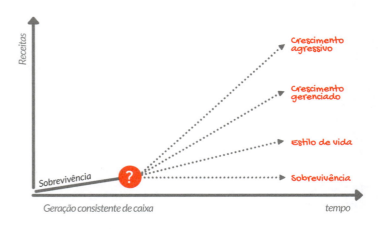

Figura 12. Ambições de crescimento
Fonte: adaptado de Barringer e Ireland (2008).

Poder, prazer ou sentido?
O que rege sua carreira?

Você é empreendedor? Lembre que empreendedor é um visionário que pode identificar as oportunidades, propor soluções inovadoras e fazer disso uma realidade bem-sucedida. Ser empreendedor não se limita às pessoas que começam os seus próprios negócios. O comportamento empreendedor existe em todos os setores, em todos os níveis de carreira, em todos os momentos da vida.

Se pertencer à parcela majoritária dos empreendedores, você vai encontrar respostas nas obras de Alfred Adler e em sua discussão a respeito do poder. Você é um empreendedor porque quer ser protagonista da sua vida. Quer mostrar que pode construir algo seu. Para Henry Ford, "se você acredita que pode ou que não pode realizar algo, você estará sempre certo". Você é daqueles do "*yes, I can*"?

Mas se acha a abordagem adleriana de poder muito egocêntrica, talvez se encaixe nas explicações freudianas de prazer. Quantos empreendedores não iniciaram seus negócios a partir de seus prazeres pessoais? Boa parte das empresas mais admiradas no *ranking* da revista *Fortune* foi fundada assim. Por exemplo, mais do que por computação, Steve Jobs era obcecado por caligrafia e *design*. Da próxima vez em que olhar para um produto da Apple, lembre-se da sua frase: "Os botões do Mac OS são tão bem-feitos, que você vai querer lambê-los". Depois lamba os botões da concorrência. Vai perceber que o gosto não é o mesmo. Empreendedores motivados pelo prazer, definitivamente, não trabalham, brincam em serviço. Para eles, vale a frase do

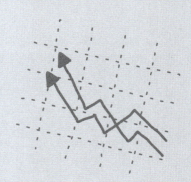

comandante Rolim, empreendedor da TAM: "Só trabalha, no sentido duro da palavra, quem não gosta do que faz, por isso, eu, graças a Deus, nunca precisei trabalhar".

E você, está trabalhando agora? Mas se não encontrou suas motivações no poder ou prazer, talvez se junte a um número crescente de empreendedores que passaram a prestar atenção às obras de Viktor Frankl. Médico psiquiatra e sobrevivente de campos de concentração nazista, Frankl percebeu que somente aqueles que tinham uma missão pessoal maior, um sentido especial para continuarem vivos, conseguiram sobreviver e se levantar diante de situação tão dramática.

Isso vem sendo aplicado no mundo dos negócios, principalmente em um movimento chamado de Capitalismo Consciente discutido no MIT, Stanford e Bentley University. Em um momento em que a financeirização dos negócios atinge seu frágil apogeu, frases como "um negócio que só traz dinheiro é um negócio pequeno, você atinge uma fase em que não trabalha mais pelo dinheiro", de Walt Disney ou "as empresas precisam ter o lucro como objetivo, do contrário, elas morrem, mas, se uma empresa é orientada apenas para ter lucro também morrerá, porque não terá mais nenhum motivo para existir", de Henry Ford, começam a ter muito mais sentido para novos e experientes empreendedores.

Para esses empreendedores, o desafio se aproxima ao sucesso de Anita Roddick, fundadora da The Body Shop: "Sucesso para mim não está relacionado a dinheiro, *status* ou fama. Sucesso é encontrar um modo de vida que traga divertimento, autossuficiência e um senso de contribuição para o mundo".

E você? Tem uma carreira de sucesso?

Minha ideia é uma oportunidade de negócio?

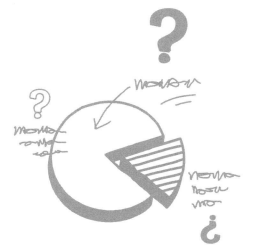

Você teve várias ideias, selecionou algumas e definiu uma como a ideia do seu negócio. Depois, testou se ela tinha sentido para o tipo de consumidor que pretende atingir e refletiu sobre seu propósito como empreendedor e o que ambiciona para o seu empreendimento. Se tudo deu certo, deve estar muito satisfeito com a sua ideia de negócio. Parabéns! Entusiasmo é o principal estado de espírito de empreendedores bem-sucedidos!

Mas reflita de forma honesta e imparcial: sua ideia é uma real oportunidade de negócio?

Você está aqui

Se realmente estiver apaixonado pelo desenvolvimento da sua ideia até aqui, é muito difícil que tenha dúvidas sobre se ela é uma oportunidade de negócio! É claro que é! Você selecionou a melhor entre todas as suas ideias iniciais, testou-a no mercado, desenvolveu protótipos, inovou e até alinhou seu propósito de vida ao do negócio. Não tenha dúvidas de que tem uma ótima oportunidade de negócio nas mãos, certo?

Infelizmente não é bem assim. Todas as mães acham que têm o filho mais bonito do mundo... Empreendedores com suas ideias de negócio agem da mesma forma: "Não critiquem a minha ideia de negócio! Ela tem todo o sentido! Só você não percebe todas as vantagens dessa solução!", pensam eles. Traduzindo em linguagem materna: "Não chamem meu filho de feio!"

O benefício central de uma oportunidade de negócio

Ter ideias de negócios é a parte mais fácil. O que é difícil é identificar, entre elas, quais são realmente oportunidades e qual é a melhor.

Isso foi explicado anteriormente, mas vale rediscutir a questão considerando-se sua importância para qualquer empreendedor: **o benefício central de uma oportunidade de negócio é a solução de um problema!** Ou da forma como é apresentada por Vinod Khosla: **todo problema é uma oportunidade para uma solução criativa!** Quanto maior o problema, maior será a oportunidade de negócio. Todo empreendedor precisa ter em mente que o negócio dele deve resolver problemas do seu cliente, do jeito simples de Khosla: se não houver nenhum problema, não haverá nenhuma solução e nenhuma empresa. Ninguém pagará para resolver um problema ou necessidade que não tenha.

Da perspectiva empreendedora, é possível classificar os problemas em três grandes grupos:

1. Problemas originados de necessidades pessoais

Uma forma para identificar oportunidades de negócio é por meio do entendimento das necessidades dos outros. Quando alguém se decide pela compra de um produto ou serviço, na verdade, acredita que está adquirindo uma solução para a sua necessidade. É claro que essa necessidade pode ser indireta, como a compra de um xampu para o seu animal de estimação.

A pesquisa sobre as necessidades pessoais é vasta, e diversas teorias já foram elaboradas. Uma das mais citadas é a Hierarquia de Necessidades de Maslow. Nessa abordagem, Maslow explica que o ser humano segue certa ordem de prioridade na busca por soluções para suas necessidades. A hierarquia de necessidades começa com as mais básicas e fisiológicas do ser humano e, conforme elas são solucionadas, novas surgem e tendem a se tornar cada vez mais simbólicas.

No entendimento de Maslow, temos as seguintes categorias hierárquicas de necessidades, como mostra a figura 13:

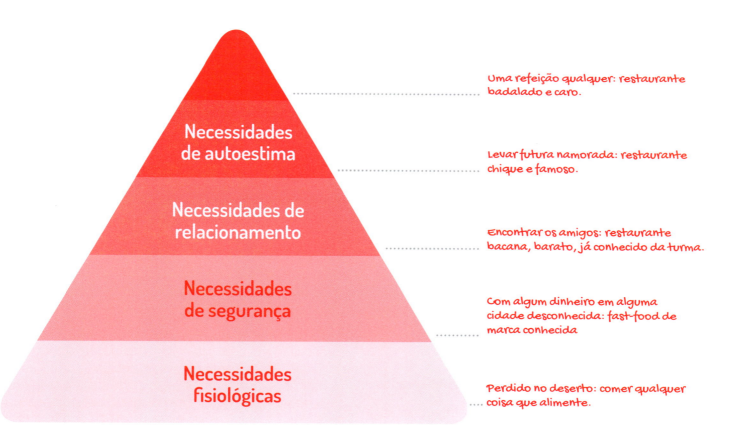

Figura 13. Pirâmide de Maslow. *Fonte*: adaptado de Maslow (1943).

Quanto mais alta na pirâmide for a necessidade, mais simbólico será o problema a resolver. Água potável é um bom exemplo. Se estivesse perdido no deserto e com muita sede, beberia qualquer coisa que parecesse líquido, mas em uma situação de sede na sua cidade, poderia beber a água da torneira, se fosse tratada e considerada "segura". Mas então por que beber uma água engarrafada na França ou na Itália e pagar mais por isso? Isso pode ser explicado pelas necessidades de autoestima ou de realização pessoal. A água da torneira poderia matar a sua sede, mas, naquele momento, você merece ou pode pagar por um luxo. É uma necessidade simbólica de merecimento (necessidade de autoestima) ou de poder (necessidade de realização pessoal).

Quanto mais simbólica for a necessidade, maiores tendem a ser o preço e a margem de lucro do produto ou serviço que é a solução para o problema. O inverso também tende a ser verdadeiro. Quanto mais básica for a necessidade, menores serão o preço e a margem de lucro. O produto ou serviço tende a ser uma *commodity* e ter muitos concorrentes que brigam por preço.

2. Problemas originados de deficiências observadas

Mesmo que as necessidades estejam sendo solucionadas de alguma forma, problemas com deficiências nessas soluções podem ocorrer. Uma deficiência é constatada quando a solução atual não atinge a expectativa da pessoa. Isso pode ser originado por problemas de operação (um carro quebrado), de eficiência (um carro pouco potente) ou mesmo de valor simbólico (um carro que dê *status*).

3. Problemas empresariais

Demandas de empresas representam o terceiro grupo de problemas que podem constituir oportunidades de negócios para empreendedores.

De certa forma, é até possível ajustar a Hierarquia de Maslow para explicar os problemas empresariais, já que uma empresa poderia ter necessidades "fisiológicas" de sobrevivência (fluxo de caixa positivo), de segurança (segurança financeira, operacional, de relacionamento com o cliente, jurídica, etc.), sociais (programas de sustentabilidade, relações com comunidades, etc.), estima (prêmios, reconhecimentos, etc.) e autorrealização (marcos históricos, referência no mercado).

E também poderíamos analisar os problemas empresariais como problemas originados de deficiências observadas. Dessa forma, teríamos problemas de operação (produção, logística, etc.), de eficiência (desenvolvimento de produtos mais rápido, menor nível de estoques, etc.) ou de valor simbólico (reconhecimento da marca, da atuação social, etc.).

Todas essas análises são importantes para a identificação de oportunidades de negócios, visto que o empreendedor pode criar produtos e serviços para atender a essas necessidades. Nesse caso, é preciso lembrar que a tomada de decisão do consumidor (empresa) é feita por pessoas (funcionários da empresa) de uma forma mais racional, se comparada ao comportamento do consumidor pessoa física.

E então? Depois dessas explicações, seu produto é uma solução para qual categoria de problema?

Os quatro elementos de uma oportunidade de negócio

Apesar de a resolução de um problema ser parte central de uma oportunidade de negócio, isso em si não representa uma oportunidade de negócio atrativa para o empreendedor.

Para uma ideia ser considerada uma oportunidade de negócio, é preciso que ela tenha, obrigatoriamente, quatro elementos essenciais, como observado na figura 14, a seguir:

Para ser uma oportunidade de negócio, primeiro é preciso que sua ideia tenha um benefício claro para o cliente. A melhor é aquela que não precisa ser explicada. Só de ver o produto, o cliente já sabe como aquilo é a solução para um problema que tenha. Steve Jobs era um craque nisso. Em vários momentos em que esteve

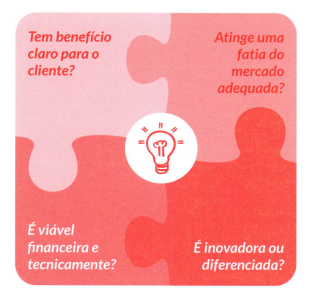

Figura 14. Quatro elementos de uma oportunidade de negócio
Fonte: McKinsey (2000, p. 7).

à frente da Apple, só de ver um lançamento, as pessoas queriam comprar o produto.

O segundo elemento diz respeito ao número de pessoas que irão comprar o produto ou serviço. A ideia de negócio precisa ter uma fatia de mercado "adequada" para ser considerada uma oportunidade. Quanto maior for o mercado, maior tende a ser a oportunidade. Mas definir se é "adequado" ou não, vai depender da expectativa do empreendedor e dos envolvidos com o negócio. Muitos acham que é adequado vender só para uma determinada região: é o caso do sujeito que abre uma lojinha de bairro. Outros não: podem até começar com uma lojinha em um bairro, mas depois acham que seria adequado expandir o negócio para cidades/bairros próximos, outros estados e até mesmo outros países. Grandes varejistas como Walmart ou Magazine Luiza começaram assim.

Para ser considerada uma oportunidade de negócio, a ideia deve ser viável financeira e tecnicamente. Na viabilidade técnica, é preciso demonstrar que o produto ou serviço funciona, e para isso o empreendedor tem de dominar o conhecimento técnico a fim de transformar sua ideia em algo tangível e consumível. Isso pode ser aplicado em ideias de negócio associadas a grandes inovações, mas também a negócios tradicionais vislumbrados por pessoas que não são do ramo. Entretanto, a ideia também precisa ser viável financeiramente, ou seja, deve gerar fluxo líquido de caixa positivo em algum momento (quanto mais cedo melhor). Em outras palavras, a ideia precisa ser capaz de gerar entradas de caixa (vendas do produto/serviço) que superem as saídas de caixa (gastos, custos, despesas, impostos, etc.) para ser considerada uma oportunidade. Quanto maiores forem a geração de caixa e a taxa de retorno, maior tende a ser a oportunidade de negócio.

E, por fim, sua ideia de negócio deve ser inovadora ou diferenciada. Se pensa em copiar fielmente um concorrente direto atual que atue no mesmo mercado, essa ideia estaria longe de ser uma oportunidade de negócio, já que o que pretende oferecer já existe, já é conhecido e já tem clientes. Se pretende atuar em determinado mercado, até pode copiar o que os concorrentes têm feito de melhor, mas é preciso oferecer mais e isso virá da sua capacidade de inovação ou diferenciação. Quanto maior for a diferenciação/inovação da sua ideia de negócio, maior tende a ser a oportunidade.

A oportunidade também pode ser vista de outras perspectivas, como a do investidor, por exemplo. Muitos só aplicam capital em mercados específicos e determinam um patamar mínimo de expectativa de taxa (interna) de retorno para chamar de "oportunidade". Se estiver em busca de investimento, é preciso entender o que os investidores com quem entrará em contato entendem por "oportunidade de negócio".

Sua ideia é uma oportunidade de negócio?

data:

Procure o artigo "Miopia de marketing", de Theodore Levitt, na internet e responda à pergunta: "A Cacau Show vende chocolates?"

Será que há uma fatia de mercado mínima para o seu negócio? Ou máxima? Você se contentaria em ter o maior negócio da sua cidade? É um investidor?

Tem benefício claro para o cliente?

Atinge uma fatia do mercado adequada?

É viável financeira e tecnicamente?

É inovadora ou diferenciada?

Quando você se tornou viável financeiramente? Quando gerou fluxo líquido de caixa positivo? Será que os lucros esperados atendem à expectativa de quem vai ler o plano?

Como o seu negócio vai se diferenciar dos outros? Isso será percebido como uma vantagem decisiva para o cliente escolher sua empresa?

Workshop: utilize esta página para anotar suas ideias!

Teste: potencial da sua oportunidade de negócio

data:

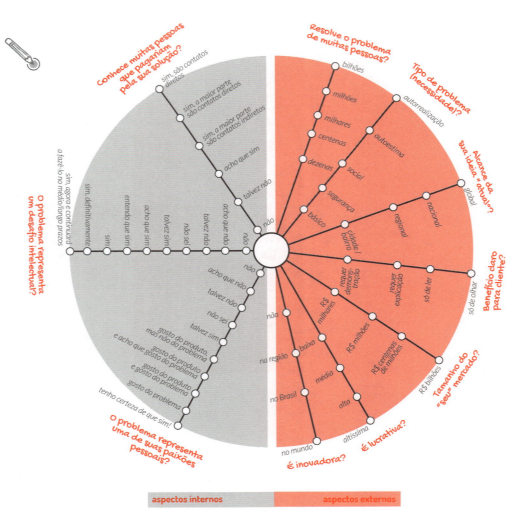

Destaque a bolinha que corresponde a sua resposta!

aspectos internos | aspectos externos

Workshop: utilize esta página para anotar suas ideias!

Todo incômodo é um problema. E todo problema é uma...

O que você fez na última vez em que se sentiu incomodado com uma situação? Alguns procuram ignorar ou minimizar o desconforto. São aqueles que tentam se lixar ou mesmo relaxar — afinal, pior não fica.

Outros inventam soluções que, de tão práticas, não percebemos que algum dia alguém se incomodou com aquilo, mas poucos transformam seus incômodos em uma poderosa motivação para empreender. Não somente as melhores ONGs do mundo foram criadas dessa forma, mas também muitas empresas.

Ficar sem um rolo de papel higiênico em um banheiro público é um incômodo desesperador. Curiosamente, até 1879 esse fato parecia incomodar apenas aos irmãos Irvin e Clarence, da Filadélfia (Estados Unidos). Outros já haviam tentado lançar um papel especial para essa necessidade, mas ninguém queria pagar por isso. Afinal, sempre havia jornais e catálogos antigos à disposição. Mesmo Irvin e Clarence ficaram com receio quando lançaram seu papel inovador em formato de rolo, muito mais macio, higiênico, prático e cômodo. Só depois de mais de vinte anos, já no século XX, ousaram colocar o sobrenome da família, Scott, como marca do rolo de papel higiênico.

Em 1919, a Scott Paper já era muito conhecida, mas isso pouco importava para os habitantes de Barcelona, que enfrentavam péssimas condições de vida. Milhares de crianças sofriam de problemas intestinais, e Isaac Carasso se sentia cada vez mais incomodado com esse cenário, inclusive por seu

169

pequeno primogênito, Daniel. Em sua passagem pelos Bálcãs, Isaac soube dos benefícios do iogurte para problemas intestinais e decidiu produzi-lo na Espanha, passando a distribuí-lo por meio das farmácias na Catalunha. Diante do sucesso, escolheu como nome para o negócio as três letras iniciais do nome do seu filho seguido do termo em inglês "one", já que Daniel era seu primeiro filho.

Anos mais tarde, em 1996, quando a Danone já era um sucesso mundial, a dona de casa Julie Aigner-Clark já não se incomodava com papel higiênico e tampouco com alimentos lácteos para sua filha. Seu incômodo estava relacionado aos brinquedos que encontrava nas lojas. No porão da sua casa, na cidade de Alpharetta, no estado da Geórgia (Estados Unidos), ela passou a gravar cenas com os bichinhos de pelúcia e brinquedos da sua filha para apresentar música clássica, exercícios de raciocínio lógico e idiomas para Aspen, então com apenas 18 meses de vida. Nascia ali a Baby Einstein, uma empresa que iria mudar o negócio de entretenimento para bebês e crianças.

No entanto, talvez nenhum outro empreendedor tenha utilizado seu incômodo pessoal tão bem quanto Steve Jobs. Seu contínuo incômodo em relação a como as coisas são feitas e sua incrível capacidade de vislumbrar como elas poderiam ser feitas tornaram a Apple e a Pixar empresas lendárias, que já entraram para a história por mostrarem que sempre é possível melhorar algo que aparentemente é perfeito.

Se você não busca soluções para os seus incômodos nem empreende as soluções encontradas, você passa para o lado dos que realmente acreditam que pior não fica. Se você fosse Steve Jobs, não pensaria tamanha besteira.

Aumente as chances de sucesso do seu negócio

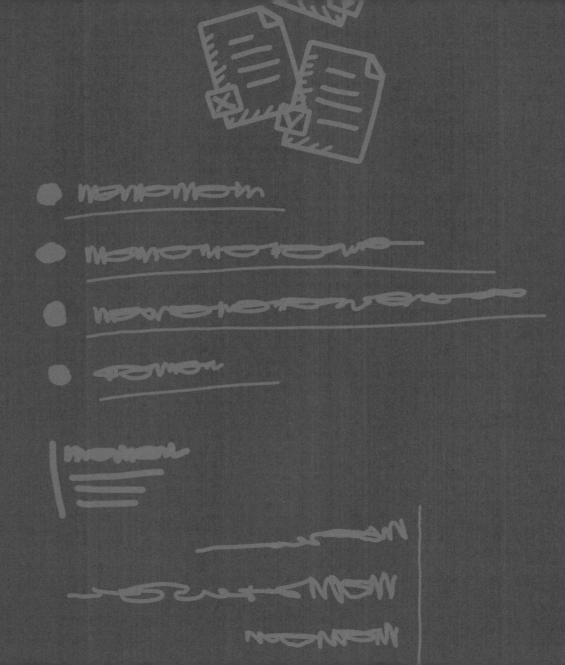

Então está tudo certo! Você já descobriu uma grande oportunidade de negócio, já fez alguns testes com pessoas do seu público-alvo e está muito otimista quanto ao sucesso! Bom... essa é a parte boa da história. A parte ruim é que seu negócio tem grandes chances de ir à falência. No Brasil, cerca de 30% das novas empresas fecham as portas no primeiro ano, e quase 60% desaparecem nos primeiros cinco anos.

Assim, antes de iniciar de fato seu negócio, a pergunta que deve se fazer sempre de agora em diante é: "Como aumentar as chances de sucesso do meu negócio?"

Mas para ter respostas, antes é preciso que entenda algumas verdades sobre a sua viagem no mundo dos negócios.

Falir é preciso. Planejar não é preciso

A primeira verdade é que **falir é preciso**. A falência de um negócio é algo matemático, exato, preciso. Isso ocorre quando a empresa e seus sócios não conseguem mais arcar com as saídas de caixa (impostos, custos, gastos, despesas, taxas, contribuições compulsórias).

A segunda verdade do mundo dos negócios é que **planejar não é preciso**. Você pode fazer o melhor planejamento, o mais detalhado e abrangente e, quando começa a executá-lo, não consegue atingir o objetivo planejado. Muitas pessoas bastante preparadas para o mundo dos negócios com pós-graduação, MBA ou com anos de experiência executiva não obtiveram sucesso como empreendedores, enquanto outras com pouca ou nenhuma formação em negócios, como empregadas domésticas (Beleza Natural), feirantes (Hortifrúti, Camicado), médicos (Osklen, Habib's) ou dentistas (China in Box, Phytoervas) conseguiram desenvolver carreiras empreendedoras vitoriosas. Ao contrário da falência, o planejamento não é algo exato, preciso. Um excelente planejamento do negócio não é garantia de sucesso.

A terceira verdade é que, **quanto mais se pratica, mais sorte se tem**. E isso é válido para o planejamento de negócio. Planejar não garante o sucesso, mas tende a minimizar as chances de erros (ou aumentar suas chances de acerto, em outras palavras, sua sorte).

Uma pesquisa do Sebrae/SP demonstra que a maioria das pessoas que começaram um negócio não o planeja previamente. O resultado dessa ausência de planejamento é o altíssimo índice de falência nos primeiros anos no Brasil.

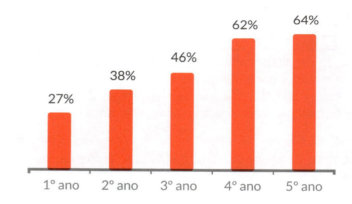

Figura 15. Taxa de mortalidade das empresas.

Se a falta é a principal explicação da mortalidade das empresas, o planejamento prévio também explica a sobrevivência delas após os primeiros cinco anos. A mesma pesquisa do Sebrae/SP aponta que, na empresa que quebra nos primeiros cinco anos, o empresário investiu o equivalente a quatro meses de planejamento prévio, enquanto o que sobrevive investiu quatorze meses. Essa diferença de dez meses parece explicar as maiores chances de sucesso da empresa que continua operando.

Apesar de as abordagens tratadas anteriormente, como Canvas do Modelo de Negócio Ampliado, effectuation, desenvolvimento de clientes e startup enxuta, serem muito úteis para o empreendedor de primeira viagem vivenciar o seu negócio e o seu mercado, o plano de negócio ainda é uma ferramenta poderosa de aprendizado, captação de recursos, planejamento e gestão. Há uma nova geração de empreendedores "profissionais" que estão sabendo utilizar essas vantagens do plano de negócio para alavancar suas empresas.

Mas antes que saia escrevendo um plano de negócio, como sugerem os livros de administração, invista um tempo para saber utilizá-lo melhor, considerando o seu contexto e objetivo.

> É possível escrever um bom plano de negócio entre 25 e 30 páginas, mas em algumas situações especiais o plano pode ser muito mais longo. Se estiver escrevendo um plano de negócio que "desça" ao nível operacional com determinação de metas específicas (com auxílio do método de Balanced Scorecard), o plano chega fácil a 60 páginas ou mais. Em alguns concursos de plano de negócio, há um limite de páginas, que gira entre 10 e 15.

O plano de negócio é um documento escrito

A primeira coisa que você precisa saber sobre um **plano de negócio é que ele é um documento escrito** composto de:

Apresentações Primeiro reflita sobre o que é uma apresentação. Uma apresentação sempre vai ter, pelo menos, duas pessoas e um conteúdo. Uma "apresentação" é diferente de uma "descrição". A descrição é um conteúdo genérico, para todo mundo. Na apresentação, a pessoa que apresenta precisa, necessariamente, modificar o conteúdo para que aquela que recebe a informação entenda ou aceite o que está sendo comunicado. Apresentações sempre têm um objetivo específico. Uma apresentação de vendas precisa "vender" o produto ou serviço, a de um palestrante precisa "instruir" ou "inspirar" a plateia. No plano de negócio, temos três partes que são tipicamente "apresentações": **Oportunidade**, **Empresa** e **Produto/Serviço**.

> No dicionário Aurélio, "apresentação" possui a seguinte definição: "Ato pelo qual alguém, seja por meio da escrita, seja pela fala, apresenta alguém ou alguma coisa ao público". Entenda também a definição de descrição: "Exposição circunstanciada feita pela palavra falada ou escrita". Em uma apresentação, sempre consideramos que apresentamos "algo" para "alguém". Como sabemos quem é esse alguém, adaptamos nossa mensagem para que ele entenda. A descrição é também uma forma de apresentação, mas não é direcionada para ninguém em especial, a informação é simplesmente exposta.

Figura 16. Apresentações, análises e planejamentos

Planejamentos Planejamento é basicamente um raciocínio lógico para entender como um determinado objetivo pode ser atingido. Dois elementos são muito importantes em qualquer planejamento: o objetivo e como ele pode ser atingido. No plano de negócio, o objetivo é realizar a oportunidade e deve estar logo no início do plano, nas apresentações da oportunidade, da empresa e do produto/serviço. Mas a oportunidade só existe se for confirmada nas conclusões das análises do mercado consumidor e da concorrência. Depois que a oportunidade é apresentada e caracterizada, é preciso explicar como será atingida. Nesse momento, entram em cena as partes que representam os planejamentos. No plano de negócio, os planejamentos mais críticos são o de produção/operações, marketing/vendas, recursos humanos e financeiro.

A segunda coisa que você precisa saber é que **um plano de negócio é um documento composto de apresentações, análises e planejamentos que deve responder, pelo menos, a seis perguntas-chave**. Observe a figura 17, a seguir.

Análises Análise é uma forma diferente de conteúdo. Você provavelmente já fez análise de sangue no laboratório clínico, por exemplo. Quando seu médico recebe seu exame de sangue, quais são os elementos mais importantes do documento para ele? Imagino que seja o resultado (conclusão)! Seu nível de colesterol está elevado? Você é diabético? O resultado do seu exame vai indicar... Além da conclusão, outra informação importante são os dados que corroboram, que sustentam a conclusão. Por que seu nível de colesterol está alto? Com base em que dados? Assim, em uma análise temos dados, análise dos dados e conclusão. No plano de negócio, temos duas partes que são "análises": Mercado Consumidor e Concorrência.

Figura 17. As seis perguntas-chave de um plano de negócio

176

A sexta pergunta-chave está associada a quando cada uma das partes será realizada ou atingida. Veja alguns exemplos: quando a oportunidade será realizada? Quando a empresa será criada? Em que momento o produto ou serviço será lançado? Quando pretendo abrir o negócio? Quando a empresa se tornará viável?

Figura 18. Plano de negócio para uso interno e uso externo

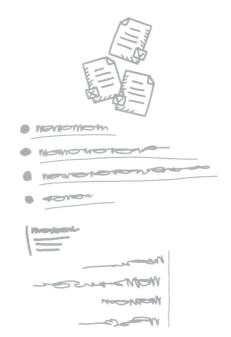

A terceira coisa importante sobre planos de negócio que você precisa saber é que os **para uso interno e uso externo são muito diferentes**, porque têm objetivos, orientações e leitores diferentes. Por serem distintos, esses planos demandam outras abordagens, que, por sua vez, privilegiam técnicas diversas. A figura 18 apresenta um resumo das principais diferenças entre o uso interno e o externo.

Quando escreve um plano de negócio para uso próprio (uso interno), seu objetivo é estabelecer um planejamento estratégico para criar ou desenvolver um negócio de sucesso. Nesse caso, seu planejamento é orientado a

> Um negócio de sucesso pode estar associado a diversos objetivos, como retorno financeiro, realização pessoal, contribuição para uma sociedade melhor, etc.

como atingir seus objetivos com o mínimo de esforço. Afinal, você não quer atingir seus objetivos com o máximo de esforço, não é mesmo? Para que consiga isso, seu plano de negócio deve funcionar como um "plano de voo", como se você estivesse pilotando um avião e saísse de um local com o objetivo de atingir outro ponto. Esse "plano de voo" precisa orientá-lo sobre o que deve ser feito para que seu negócio consiga atingir os objetivos estipulados. Uma das formas para se planejar os objetivos de um negócio é estruturar os principais com base em secundários, terciários, etc. Isso é o princípio de uma técnica, chamada Balanced Scorecard, cada vez mais utilizada nas empresas. Se já ficou assustado com o termo, não se preocupe, porque utilizaremos uma abordagem bem simplificada para ajudá-lo no seu plano de negócio para "uso interno".

Há também o plano de negócio para "uso externo". Nesse caso, o empreendedor escreve um plano de negócio para que uma ou mais pessoas externas da empresa o leia e tome uma decisão. A decisão do público externo quase sempre afeta, de alguma forma, o empreendedor e seu negócio. Enquadram-se nessa situação os planos de negócio para captar recursos de investidores privados e de agências de fomento, para fechar parcerias e para ganhar concursos de planos de negócio. O avaliador do seu plano não conhece seu negócio previamente e tomará uma decisão com base no documento escrito. Assim, o empreendedor deve escrever o plano orientado pelos requisitos de quem vai avaliar, que podem mudam de situação para situação. Veja a **tabela 9**, a seguir.

> Mais informações disponíveis em: http://www.inspirience.com.br. Acesso em: 4-3-2013.

Como os planos de negócio para "uso externo" precisam convencer o avaliador a tomar uma decisão "favorável" ao que você espera, o documento o funciona como um contrato de "venda". Por essa razão, **precisa ser persuasivo**.

Tabela 9. Planos de negócio para o público externo

Objetivo	Requisitos Principais	Requisitos Secundários
Buscar recursos de investidor privado	O plano está dentro do foco de investimento? A oportunidade de negócio é muito rentável?	Os empreendedores são capazes de capturar a oportunidade? A estratégia de saída* tem sentido?
Buscar recursos de agências de fomento	Atende ao requisito principal?** A oportunidade de negócio é viável técnica e financeiramente?	A equipe é capaz de executar o projeto?
Fechar parcerias	O que o parceiro vai ganhar com o negócio?	Como as partes irão atuar?
Ganhar concursos de planos de negócio	Atende aos requisitos do concurso?*** A oportunidade de negócio é viável e rentável?	O texto é agradável de ser lido? A apresentação está persuasiva, sem ser arrogante?

*Em geral, investidores privados compram uma participação acionária na empresa "barata" para depois vendê-la "mais caro". Esse "vender mais caro" é a estratégia de saída.

**Vários empreendedores não sabem, mas podem buscar recursos de agências de fomento como fundações de amparo à pesquisa estaduais (como Fapesp, Fapemig, Faperj, etc.), Finep, BNDES, CNPq. O problema é que cada agência disponibiliza linhas distintas que exigem requisitos principais diferentes. Cabe ao empreendedor visitar constantemente o *site* dessas instituições para entender quais são esses requisitos.

*** Esses requisitos variam de concurso para concurso. Podem incluir critérios como inovação, sustentabilidade, rentabilidade, indústrias/setores específicos, etc.

Outro exemplo extremo é o plano de negócio para a captação de recursos de investidores privados. Aqui, o texto precisa ser objetivo. Nada de referências bibliográficas ou informações desnecessárias. Além disso, jargões de negócio (como TIR, *payback*, *gap*, cadeia de valor, etc.) devem ser muito utilizados para que o investidor entenda o que está sendo proposto e planejado.

Por fim, o plano de negócio é um documento composto de apresentações, análises e planejamentos que precisa responder pelo menos a seis perguntas-chave, com um texto adequado para o futuro leitor, sendo que as partes do plano devem ser apresentadas numa ordem lógica.

O problema é que não há um consenso a respeito de em que ordem um plano de negócio deva ser apresentado. Se você pesquisar outros livros, artigos ou mesmo *sites*, irá notar que cada fonte apresenta uma estrutura e ordens diferentes.

Para que não fique confuso, minha sugestão é seguir esta ordem lógica quando for escrever um plano de negócio:

- Se estiver escrevendo um plano de negócio para concorrer a alguma coisa (recursos de agências de fomento, capital de investidores privados, concursos de empreendedorismo e plano de negócio, etc.), siga as instruções da entidade que está liderando o processo. Em geral, as instituições divulgam antecipadamente as orientações sobre como o plano de negócio deve ser escrito.

- Para todos os demais casos, siga a ordem da figura a seguir:

Figura 19. Ordem das partes de um plano de negócio

Essa ordem, como veremos no próximo capítulo, permite que o leitor tenha um entendimento cada vez mais aprofundado do negócio, mas ele deve saber desde o início a oportunidade de negócio que está sendo planejada.

Pode parecer um capricho, mas inclua uma capa com o nome da empresa, logotipo, nome dos empreendedores e data de atualização do plano de negócio. Isso causa boa impressão.

O plano de negócio é uma oportunidade bem definida

É uma constatação óbvia, mas, se você não tiver uma oportunidade de negócio nas mãos, esqueça, não precisa nem começar a escrever um plano.

No seu caso, como empreendedor, a oportunidade resume-se a quatro características:

- Estabelecimento de um novo negócio diferenciado ou inovador.
- Viabilidade técnica e financeira.
- Rentabilidade.
- Ajudar o mundo a ser um lugar melhor.

É a oportunidade de se realizar profissionalmente, trabalhar com aquilo de que realmente gosta e ter o prazer de fazer as coisas do jeito que acredita ser o melhor.

Há outras oportunidades que podem ser consideradas em diferentes contextos. Se sua intenção é escrever um plano para uma empresa já existente, a ocasião pode estar associada, por exemplo:

- Ao aumento da receita (de produtos/serviços existentes e/ou novos produtos/serviços e/ou novas áreas de atuação) nos próximos anos.
- À reestruturação da empresa e à obtenção de resultados financeiros positivos, caso a empresa esteja em dificuldades.

Se a intenção do plano de negócio é captar recursos de investidores ou agências de apoio (fomento, capitalização, financiamento, etc.), a oportunidade deve estar associada muito claramente à rentabilidade financeira (ou social, se a origem do recurso for governamental).

Ele ainda pode ser escrito para fechar uma parceria com uma organização. Nesse caso, além de ser rentável, a oportunidade deve estar associada a "o quê" e "como" o parceiro vai ganhar.

Por fim, também pode ser escrito para participar de concursos de empreendedorismo ou de plano de negócio. Há diversas competições muito boas no Brasil, e a participação nesses eventos sempre traz um aprendizado adicional que o empreendedor de primeira viagem, sozinho, não teria. Nesses concursos, a oportunidade de negócio está, obrigatoriamente, associada aos critérios de avaliação. Por isso, leia atentamente as regras e entenda-as.

Se um dos itens é "inovação", a oportunidade de negócio deve ser inovadora. Se for um concurso de plano de negócio que incentive práticas sustentáveis, a oportunidade deve estar associada à sustentabilidade.

O plano de negócio é uma pirâmide de cartas

Logo no início deste capítulo foi mencionado que o plano de negócio é um documento escrito e deve ser apresentado em uma ordem lógica. No entanto, os empreendedores de primeira viagem também podem visualizá-lo como uma pirâmide de cartas de baralho, onde cada "pilar" corresponde a uma parte do plano de negócio.

A base da pirâmide de cartas é composta por três pilares: o primeiro corresponde à apresentação da oportunidade; o segundo representa a apresentação do produto ou serviço que será vendido, e, por fim, o terceiro e último pilar da base deve ser entendido como a análise do mercado consumidor. Observe a figura 20.

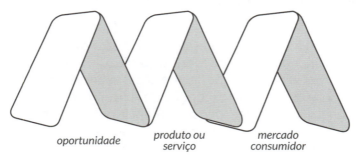

Figura 20. A base de qualquer negócio

A maioria dos negócios é criada apenas com esses três pilares. Lembre-se de alguém que começou um negócio próprio. No início, ele só tinha uma oportunidade de negócio (ou pelo menos achava que tinha, mas não tinha), uma noção de produto (ou serviço) que iria produzir (comercializar) e uma ideia para quem poderia vender. E assim o negócio foi aberto, mas essa pessoa rapidamente descobriu que entre os pilares havia forças que atrapalhavam o negócio ou o tornavam mais burocrático.

Veja, agora, a figura 21: com uma carta de baralho adicional que una os pilares de produto/serviço e mercado consumidor, é possível construir mais uma parte da pirâmide, que corresponderá à análise da concorrência. A concorrência sempre atrapalha o nosso negócio, inclusive o do seu conhecido.

Mais uma carta entre o pilar de oportunidade e produto/serviço, temos a parte do plano de negócio em que a empresa a ser criada é apresentada. A criação da empresa exige o cumprimento de várias obrigações legais, contábeis e tributárias. Aqui fechamos a base da nossa pirâmide de cartas.

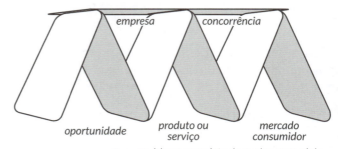

Figura 21. A base completa de qualquer negócio

É nesse momento, em que há a pressão da concorrência e a complexidade de gerenciar a empresa, que muitos empresários começam a refletir sobre a importância do planejamento estratégico. Até atingir esse estágio, a maioria dos donos de negócio nunca pensou que era necessário planejar o empreendimento. É como saltar de paraquedas e tentar aprender como o equipamento funciona durante o salto. Não é à toa que uma grande parcela dos novos negócios vai à falência nos primeiros cinco anos.

Voltando à nossa obra arquitetônica de cartas de baralho. Sobre a base da pirâmide, uma nova categoria de pilares é construída. Enquanto na base temos "apresentações" e "análises", acima dela temos "planejamentos" específicos por função. Segundo essa lógica, acima da base formada por oportunidade, empresa e produto/serviço, criamos mais um pilar que corresponde ao planejamento de produção (ou prestação de serviço) e operações. Um novo pilar de cartas é construído entre a base formada por produto/serviço, concorrência e mercado consumidor. Esse novo pilar representa o planejamento de marketing e vendas. Uma nova carta de baralho é colocada entre esses dois novos pilares, e temos uma nova parte do plano de negócio: planejamento de recursos humanos. Por fim, o último pilar é construído acima de produção/operação, recursos humanos e marketing/vendas. Essa é a última parte do plano de negócio e corresponde ao planejamento financeiro. A pirâmide de cartas finalizada e todas as partes do plano de negócio podem ser observadas na figura 22:

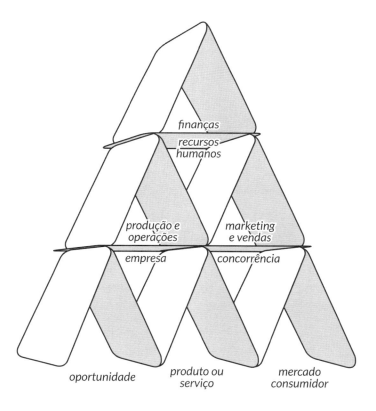

Figura 22. Plano de negócio em pirâmide

O plano de negócio é um desfile de uma escola de samba

O desfile de uma escola de samba começa muito antes do carnaval. Há um intenso trabalho prévio que visa garantir o sucesso do desfile diante dos juízes: são vários meses de trabalho para alguns minutos de evento, o que exige foco, dedicação, organização e também diversão de todos os envolvidos.

A primeira etapa do preparo do desfile é a escolha do tema e, logo a seguir, do samba-enredo. Essa escolha vai orientar todo o planejamento do desfile, inclusive quais alas serão apresentadas e em que ordem. O objetivo é que a plateia no dia da apresentação, principalmente os jurados, entenda a história que está sendo contada na avenida.

Mas as alas não são preparadas de acordo com sua ordem de desfile. A comissão de frente, por exemplo, que abre o desfile da escola de samba, não é a primeira a ficar pronta. Durante os meses que antecedem o desfile, todas elas são desenvolvidas paralelamente, sendo que uma vai influenciando o desenvolvimento da outra.

Empreendedores de primeira viagem precisam perceber que o desenvolvimento do seu primeiro plano de negócio deve ocorrer de forma semelhante ao preparo do desfile de uma escola de samba. O tema é o resultado dos seus filtros de preferências e competências pessoais, por exemplo o tema de um determinado empreendedor poderia ser gastronomia. A escolha do samba-enredo equivale à seleção da oportunidade de negócio. Entre as várias opções de negócios de gastronomia, qual seria a melhor para esse empreendedor, considerando-se o mercado em que ele vai operar (no caso da escola de samba, o mercado equivale aos jurados)? Uma vez escolhido o samba-enredo do desfile (a oportunidade de negócio), o empreendedor precisa iniciar o preparo do plano. No entanto, isso não ocorre de forma tão organizada. A preparação é feita segundo uma determinada ordem (plano de negócio em pirâmide), mas sempre vai haver um vai-volta, já que uma nova informação do planejamento de marketing e vendas pode ter impacto em uma outra parte já escrita, como as características do produto (ou serviço) planejado. Nessa situação, a apresentação do produto (ou serviço) deve ser ajustada.

Após o preparo de todas as partes, é preciso cuidar da apresentação do plano de negócio, considerando-se a perspectiva de quem vai ler o documento. O empreendedor de primeira viagem precisa lembrar se há um direcionamento prévio que pede que o plano de negócio seja apresentado segundo um modelo definido (agências de fomento, investidores, concursos de empreendedorismo). Se for o caso, é só organizar as partes do plano de negócio conforme o modelo sugerido, senão, devem-se organizar as partes de acordo com a lógica já apresentada neste capítulo.

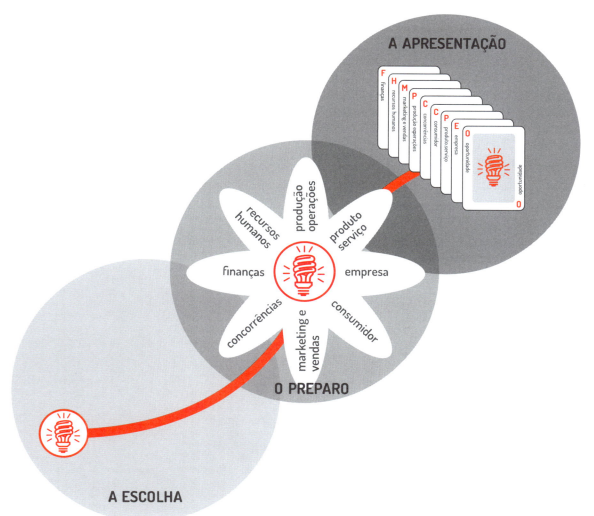

Figura 23. Da ideia de negócio à apresentação do plano

O plano de negócio é um instrumento de venda

O empreendedor de primeira viagem precisa entender também que o plano de negócio é um instrumento de venda, o da venda de uma crença: a de que existe uma oportunidade de negócio e que esse negócio é viável técnica e financeiramente. Em outras palavras, ele precisa convencer aqueles que irão ler o plano de negócio.

O primeiro leitor que deve ser convencido é o próprio empreendedor. Ao ler o plano de negócio finalizado, ele precisa estar convencido de que há uma oportunidade real de negócio, que é possível criar e desenvolver uma empresa para capturar essa oportunidade e que a empresa a ser criada é rentável.

Além disso, o empreendedor pode precisar de sócios. Nesse caso, o plano de negócio será um instrumento de venda para convencer potenciais sócios a "comprarem" sua ideia. A lógica é a mesma se o empreendedor necessitar de recursos de investidores financeiros: o documento novamente será utilizado como um instrumento de venda para persuadir os investidores a colocarem dinheiro no negócio.

Se estiver sendo escrito para fechar parcerias estratégicas, o plano precisa ser persuasivo para convencer os potenciais parceiros. Se estiver sendo elaborado para participar de um concurso de empreendedorismo ou inovação, ele será um instrumento de venda para convencer os membros da banca de avaliação.

Planejar, planejamento e plano

Há uma certa confusão com o uso dos termos planejar, planejamento e plano e sua aplicação no mundo dos negócios. Planejar é levar o futuro em consideração, formal ou informalmente. Nesse contexto, todos os empresários, desde os nanos até os mais renomados planejam. O sujeito que vende balas junto àquele semáforo planejou deliberadamente aquilo. Se você for ao zoológico de São Paulo não encontrará pessoas vendendo balas junto aos semáforos, mas binóculos.

Planejamento é o processo estruturado, formal e replicável de tomada de decisões, levando-se em consideração o futuro. O planejamento de negócios como o conhecemos hoje passou a ser discutido a partir da década de 1950. A partir desse momento, diversos instrumentos de planejamento de negócios se popularizam como missão, visão, valores até chegarmos a cisnes negros com caudas longas em oceanos azuis.

Na década de 1990, o planejamento de negócio torna-se mais preciso com a proliferação do uso do Balanced Scorecard. Nessa lógica, a estratégia é desdobrada, de forma racional, até ao nível das metas individuais de desempenho. O problema é que boa parte dessa parafernália foi criada considerando-se a complexidade, os desafios e os recursos disponíveis na grande organização, mas o mundo dos negócios é composto majoritariamente por nanos, micros, pequenas e médias empresas. Resultado: o planejamento, como processo formal e replicável, é pouco praticado na maioria dos empreendimentos.

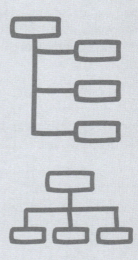

E ainda resta o plano de negócio, que não passa da formalização do processo do planejamento em algo tangível em folhas de papel ou em um arquivo ou mesmo sistema computacional. O termo plano vem do latim *planum*, e seu uso remetia ao desenho em uma superfície lisa para se explicar o que deveria ser feito. O primo do plano é a planta utilizada na engenharia civil e na arquitetura.

Se o planejamento é um processo cada vez mais preciso, exato, empreender é totalmente impreciso. São raros empreendedores como Howard Schultz, da Starbucks, ou Luiz Seabra, da Natura, que conseguiram criar empresas com missões tão duradouras desde o início.

Quando Fredrik Idestam fundou a Nokia, a empresa fabricava papel. A Du Pont fabricava pólvora. William Procter e James Gamble criaram a Procter & Gamble para fabricar sabão e velas. David McConnell vendia livros de porta a porta nos Estados Unidos. Para aumentar as vendas, resolveu fabricar uns perfuminhos para dar de brinde e, para isso, criou uma marca, a Avon.

Mesmo os empreendedores da nova geração não tinham uma visão precisa do negócio que estavam criando. Larry Page e Sergey Brin não consideravam o Google como uma poderosa empresa de mídia quando iniciaram o negócio. Seus concorrentes eram outros mecanismos de busca como Altavista ou Inktomi. Tampouco Mark Zuckerberg vislumbrava que o Facebook seria uma plataforma para novos empreendedores como Mark Pincus, fundador do Zinga, que criou o FarmVille e o MafiaWars.

Mas, mesmo sabendo que empreender não é preciso, esses empreendedores da nova geração sabem que o planejamento é cada vez mais necessário para que suas empresas continuem a crescer de forma sustentada.

Plano de negócio para empreendedores de primeira viagem

Agora que você é um especialista em identificação de oportunidades e planos de negócio, chegou a hora de começar a escrever o próprio plano.

Mas, antes de começar a escrever o seu primeiro plano de negócio, gaste uns dez minutos para refletir sobre os tópicos abaixo.

Reflita sobre a importância do empreendedorismo para sua carreira profissional.

- O que é realmente ser empreendedor?

- Ser empreendedor também inclui ter iniciativa, identificar oportunidades, ser inovador, pensar de forma criativa, buscar soluções, planejar e realizar sonhos? Isso é para mim? É importante para minha carreira como funcionário de uma empresa?

O que estarei fazendo daqui a cinco ou dez anos? E daqui a vinte anos? Estarei trabalhando no que gosto? Como estará minha vida profissional? (Talvez não consiga imaginar exatamente o que estará fazendo, mas você consegue imaginar o que gostaria de estar fazendo no futuro.)

Qual a importância do empreendedorismo para que você consiga realizar esses objetivos no futuro?

E, por fim, você quer realmente fazer diferente e fazer a diferença?

Não escreva um plano de negócio só "por escrever".

Se você realmente acredita na importância do empreendedorismo para a sua vida e carreira, não pode perder nenhuma chance de aprender mais. Escrever um plano de negócio é uma dessas oportunidades.

Na sua carreira empreendedora, perceberá que aprender será um processo contínuo que nunca terminará e que deve estar associado ao desenvolvimento da sua capacidade de percepção. Quanto maior sua capacidade de percepção, maior sua capacidade de empreender; quanto maior sua capacidade de empreender, maiores serão suas chances de construir algo de valor para você e para as pessoas de que gosta. Esse algo de valor pode ser uma carreira vitoriosa como funcionário de uma empresa, o desenvolvimento do seu próprio negócio ou um projeto social. Portanto, encare esse trabalho como uma forma de crescimento pessoal e profissional.

Faça bem!

Se acredita na importância do empreendedorismo e quer escrever um bom plano de negócio, primeiro lembre-se de que ele é escrito em diversas ocasiões: planejamento estratégico de um negócio (novo ou já existente), captação de recursos (investidores privados, agências governamentais), parcerias e concursos de planos de negócio. Para escrever um bom plano, antes entenda como ele vai ser avaliado em cada uma dessas ocasiões, pois vai depender desse entendimento prévio.

O que é fazer um bom plano de negócio? Quando está fazendo o planejamento estratégico do seu negócio, um plano deve apresentar uma (ou mais) boa(s) oportunidade(s), uma estratégia clara de como esta(s) será(ão) realizada(s) e uma estimativa dos ganhos dessa(s) realização(ões). Nas demais ocasiões (captação de recursos, parcerias e concursos de planos de negócio), seu plano de negócio poderá estar concorrendo com outros e será avaliado por pessoas de fora, que não conhecem previamente o seu negócio. Lembre-se de que estará competindo com outros empreendedores que têm mais, o mesmo ou menos conhecimento do que você. Avalie isso. E assim como você, todos têm pontos fortes e fracos para escrever um plano de negócio. Lembre-se de que seu plano será analisado por pessoas que avaliarão *apenas* o que está escrito e que estão em busca daquele documento que conseguiu planejar melhor a melhor oportunidade de negócio.

Faça melhor!

Além de fazer bem o seu plano de negócio, é preciso fazer melhor. Fazer melhor é outra disciplina que você terá de ter sempre como empreendedor. Terá de fazer sempre melhor do que a sua concorrência e oferecer o que há de melhor para o seu cliente e parceiros.

O que é fazer um plano de negócio melhor? Há várias preocupações simples que melhoram o seu plano de negócio. Veja a lista a seguir:

Cuidado com erros de ortografia e gramática. É básico, mas erros ocorrem com frequência. Errar todo mundo erra, mas cuidado com os erros mais grosseiros.

Não encha linguiça. Você tem vinte páginas para escrever algo objetivo, preciso e que venda. Veja este exemplo real que retirei de um plano de negócio que recebi para avaliar: "Neste caso, não existe concorrência além da positiva, por se tratar de uma inovação literal, no entanto calculamos os valores da amplitude do mercado-alvo a partir das receitas somadas de empresas-chave que atuam em conjunto e ao redor deste, fabricando produtos ou serviços, obtendo números fantásticos". Essa frase não está fornecendo nenhuma informação.

Seja direto, mas sustente suas afirmações. Mencione referências de informações citadas no texto em rodapés, por exemplo.

Qualidade visual do plano de negócio. Apresente um plano de negócio com aspecto "profissional". Isso quer dizer que você se preocupou com o uso de fontes, cores, figuras e o *layout* da página. Também se preocupou com a norma gramatical e a estrutura do texto.

Faça a diferença!

Seja persuasivo. Seu plano de negócio precisa ser persuasivo. Lembre-se de que você estará "vendendo" sua ideia de negócio para avaliadores. Serão eles que irão selecionar ("comprar sua ideia") os três melhores planos.

Não sabe o que é um documento com "aspecto profissional"? Entre no *site* das grandes consultorias de estratégia e gestão como McKinsey, A. T. Kearney, Bozz, Bain, Accenture, BCG e dê uma olhada nos documentos "pdf" que eles disponibilizam para *download*.

Em vários concursos de planos de negócio, não é a melhor oportunidade de negócio que ganha, mas o plano mais bem escrito e apresentado. Quando isso acontece, os empreendedores que identificaram a melhor oportunidade não conseguiram demonstrar adequada e persuasivamente como iriam capturar a oportunidade. Em outras palavras, não conseguiram escrever um bom plano de negócio.

O seu precisa vender. Assim, quem o ler pode chegar à conclusão de que o negócio é realmente inovador, tem sentido e tem aplicabilidade no mercado. Mas isso não é suficiente. Seu plano precisa ser "o melhor" em inovação e aplicabilidade de mercado.

Por fim, é importante que a ideia de negócio tenha algum significado pessoal para você. É de fundamental importância que se apaixone pela ideia e realmente acredite nela. É importante que possa, um dia, aplicar na prática o que planejou e que isso faça a diferença para você!

Depois desse aquecimento cerebral e filosófico, vamos, finalmente, colocar a mão na massa.

O plano do seu negócio

Para escrever o plano de negócio, seguiremos a lógica da pirâmide. Assim, a ordem de escrita inicia-se com a apresentação da oportunidade, passa para a apresentação do produto/serviço, a análise do mercado consumidor, a análise da concorrência até chegar à apresentação da empresa. Nesse momento, teremos a base da pirâmide e, consequentemente, as premissas básicas do plano de negócio. Essa base, como já explicado, é formada por apresentações e análises e orientará todas as partes seguintes, que são basicamente planejamentos. Depois, o desenvolvimento do plano de negócio continua com o plano de produção e operações, marketing e vendas, recursos humanos e termina com o planejamento financeiro.

Depois de escrever todas as partes do plano, minha recomendação é que você as reorganize seguindo esta ordem: oportunidade, empresa, produto/serviço, mercado consumidor, concorrência, plano de produção e operações, plano de marketing e vendas, plano de recursos humanos e plano financeiro. No fim do documento, podem ser incluídos alguns anexos.

Mesmo que esteja escrevendo só para você, é importante que leia o texto de forma imparcial. Sei que é difícil, mas o plano de negócio é um documento técnico e lógico. Outra recomendação importante, caso esteja escrevendo só para você, é pedir que outras pessoas de sua confiança o leiam e critiquem. Considere as críticas muito bem-vindas e reflita sobre se elas têm realmente sentido. Serão elas que tornarão o seu plano de negócio melhor.

Oportunidade de negócio

Você começa a escrever seu plano de negócio apresentando a oportunidade de negócio.[1]

Alguns autores chamam essa primeira parte de sumário executivo ou resumo executivo. Como é a primeira parte a ser lida, a apresentação precisa atrair a atenção do leitor e convencê-lo, pelo menos superficialmente, de que há uma oportunidade de negócio e que é viável/rentável.

---

[1] Lembre-se de que está escrevendo uma apresentação e, por essa razão, precisa levar em consideração quem serão os leitores do plano.

Se o empreendedor de primeira viagem errar nessa parte introdutória, dificilmente conseguirá atrair de novo a atenção do leitor. Nesse caso, o ditado popular "a primeira impressão é a que fica" funciona perfeitamente, mas deve ser acrescido de "e pode ser a última", já que alguns leitores típicos de planos de negócio, como investidores e membros de banca de avaliação de concursos de planos de negócio, perdem o interesse em ler o restante do documento em razão de a parte introdutória ser pouco persuasiva.

A apresentação da oportunidade é a primeira parte a ser iniciada, mas a última a ser finalizada, já que o texto irá se ajustar ao que estiver sendo detalhado ao longo do plano de negócio.

Dicas de como escrever a apresentação da oportunidade

Para escrever uma ótima apresentação da oportunidade, siga os passos abaixo:

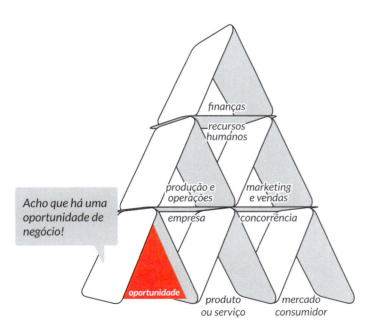

Figura 24. A oportunidade no plano de negócio

- Em uma ou duas frases, apresente o contexto em que a sua "ideia de negócio" tem sentido. Aqui, é preciso convencer o leitor de que, dado um contexto, há um problema, uma necessidade ou uma oportunidade que ainda não foi resolvido satisfatoriamente ou explorado de forma adequada em um mercado consumidor específico. A relação contexto/problema é a parte mais importante e delicada de todo o plano de negócio. O leitor precisa entender o contexto que está sendo apresentado, precisa reconhecer que nele há um problema (uma necessidade ou uma oportunidade). Se ele não entender e não concordar que há, esqueça! Você já perdeu a chance da primeira boa impressão! Dificilmente o leitor concordará que você tem uma oportunidade real de negócio nas mãos.

- Após a apresentação do contexto/problema, é preciso explicar qual seria a melhor solução do mundo para ele. Mas como isso não é possível, em razão de diversas restrições, apresente sua solução (sua ideia de negócio). Aqui é preciso que o leitor concorde com a "melhor solução do mundo", que há limitações para a obtermos nesse momento e que a sua ideia de negócio está no caminho correto para alcançá-la.

¤ Em seguida, é preciso explicar como funciona a sua solução. Tente ser o mais didático, claro e objetivo na construção das suas frases para evitar desvios da atenção do leitor.

¤ Por fim, destaque os benefícios da sua ideia de negócio: pode incluir vantagens competitivas (fatores críticos de sucesso que são do seu domínio),[2] estimativas de lucratividade e rentabilidade do negócio (informação fundamental para investidores privados), impactos socioambientais.

A apresentação da oportunidade de negócio não deve ser muito longa. É possível escrever algo muito bom em uma ou duas páginas.

Não se preocupe em caprichar muito nessa primeira versão do texto da apresentação da oportunidade. Digo primeira versão, porque você terá que escrever diversas até chegar a um excelente texto que demonstre que há uma oportunidade de negócio e que reflita todo o restante do plano de negócio. Quando terminar de escrever todo o plano, retorne a essa parte inicial e reescreva-a, considerando todas as informações obtidas durante o preparo do documento.

---

[2] Um fator crítico para quem vai abrir uma loja de comércio é a localização. Caso já tenha acesso a um local privilegiado, isso deve ser mencionado como benefício da sua ideia de negócio. Outro fator crítico de uma ideia de um produto muito inovador pode ser a patente, que pode ser mencionada como benefício adicional.

O leitor do plano de negócio precisa ler a apresentação da oportunidade e chegar à seguinte conclusão: "Eu acho que há uma oportunidade de negócio". É claro que a conclusão pode ser mais contundente com um "Eu tenho certeza de que há uma grande oportunidade de negócio", mas, se o leitor estiver mais ou menos convencido, isso já é um belo começo.

Erros comuns

Empreendedores de primeira viagem e mesmo os mais experientes cometem diversos erros na primeira parte do plano de negócio. Veja os principais e procure evitá-los:

¤ **Ausência da caracterização da oportunidade para o leitor.** Lembre-se de que será sempre o leitor do plano de negócio quem vai entender se há uma oportunidade ou não por meio da leitura do documento. A ausência da caracterização da oportunidade ocorre, pelo menos, em três situações:

Quando o sujeito, por incrível que pareça, consegue escrever um plano de negócio sem uma oportunidade definida nas mãos.

Quando o empreendedor consegue realmente identificar uma oportunidade de negócio, mas não foi hábil em apresentar a oportunidade em formato de texto.

Quando o empreendedor identificou a oportunidade, conseguiu explicá-la em um texto, mas o leitor não ficou convencido de que aquela oportunidade de negócio existe.

¤ **A oportunidade é real para o empreendedor, mas não atende à expectativa do leitor.** Isso ocorre com frequência quando se estão buscando investidores. Para o empreendedor, sua oportunidade de negócio é bastante rentável, mas para o investidor o negócio apresentado não é rentável o suficiente. Isso também costuma ocorrer em concursos de empreendedorismo e inovação nos quais são solicitados planos de negócio inovadores. O empreendedor acha que o negócio é "muuuuito" inovador, mas a banca de avaliação chega à conclusão de que o negócio não tem nenhum diferencial competitivo.

¤ **Confundir usuário com cliente.** Muitos negócios sociais e de terceiro setor (sem fins lucrativos) têm usuários que serão beneficiados e clientes que pagarão pelo produto ou serviço. É preciso caracterizar muito bem cada um para definir a oportunidade de negócio de forma clara e objetiva.

¤ **A apresentação da oportunidade não condiz com o restante do plano de negócio.** Isso ocorre quando o empreendedor escreve inicialmente o texto da apresentação da oportunidade de negócio, mas não o atualiza com as novas informações que disponibiliza no restante do documento.

¤ **Textos muito longos ou muito curtos.** Alguns empreendedores utilizam três, quatro ou até mais páginas para apresentar sua oportunidade de negócio ou a apresentam em uma ou duas frases. Uma boa apresentação da oportunidade pode ser escrita em uma ou duas páginas. Nesse espaço, é possível demonstrar que a oportunidade existe e que é possível capturá-la.

¤ **Paixão traduzida em ingenuidade.** Muitos empreendedores que querem mudar o mundo para melhor, como os de negócios sociais ou de terceiro setor (sem fins lucrativos), demonstram muita paixão pela resolução do problema a ponto de serem ingênuos e ignorarem as barreiras para transformar sua ideia em um negócio bem-sucedido. O idealismo não deve superar a capacidade de planejamento e execução do empreendedor.

Atividade: rascunho da oportunidade de negócio

data:

Qual é a questão-chave desta parte para atender ao objetivo do seu plano de negócio?

Instruções: em várias referências bibliográficas, esta parte aparece como sumário executivo ou resumo executivo. Isso nada mais é do que a apresentação da oportunidade de negócio para o público leitor do plano. Considere a expectativa do leitor quando for escrever.

Workshop: utilize esta página para anotar suas ideias!

Apresentação de produto/serviço

Após ter escrito a primeira versão da apresentação da oportunidade, você já terá condições de escrever a apresentação do produto ou serviço que sua futura empresa vai vender.

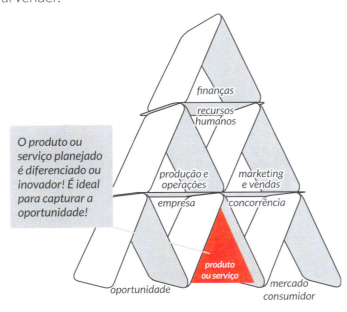

Figura 25. A apresentação de produtos/serviços no plano de negócio

Para que fique mais fácil escrever essa parte do plano de negócio, imagine que está desenvolvendo a apresentação do seu produto ou serviço para o futuro *site* da sua empresa. Na verdade, você deve aproveitar mesmo o que será desenvolvido aqui para divulgar na sua área de "produto" ou "serviço" da sua futura página na internet.

Primeiro, entre nos *sites* das melhores empresas que você acha que fazem algo parecido com o que você pretende fazer. Entenda como os produtos ou serviços são apresentados. Depois, entre em *sites* de outras empresas que você admira, podendo estas ser do seu ramo de negócios ou não. Analise:

- Como a apresentação dos produtos/serviços está organizada? Por produto? Por família de produtos?

- Como são os textos? São meramente descritivos? Ou são persuasivos? Falam dos benefícios ou só das características? Destacam as vantagens competitivas dos produtos? Explicam por que são melhores do que os produtos da concorrência?

- Há figuras que auxiliam na apresentação? Tabelas? Fotos?

- Você ficou com vontade de comprar o produto/serviço? Sim? Não? Por quê?

- Como elas comunicam que seus produtos são diferentes e fazem a diferença?

Ao fazer isso, você aprende muita coisa sobre o seu mercado, o que é útil para as próximas partes do plano de negócio, mas também aprende como apresentar e não apresentar seu produto/serviço.

Quando faz a apresentação do seu produto/serviço no plano de negócio, seu objetivo deve ser convencer o leitor de que o produto planejado é diferenciado ou inovador e que ele é ideal para capturar a oportunidade apresentada anteriormente.

Na apresentação da oportunidade, você já citou o produto/serviço que está sendo planejado. Agora é o momento de apresentar mais detalhes sobre ele e convencer definitivamente o leitor de que por trás do que você está planejando existe um conceito de venda. Lembre-se de que estamos falando de persuasão.

Mas como vender, ser persuasivo sem parecer convencido ou prepotente? A seguir, algumas dicas para responder a essa pergunta:

Dicas de como escrever a apresentação

Para escrever uma ótima apresentação do produto/serviço, siga os passos:

- Faça uma breve introdução, em não mais de um parágrafo, para apresentar seu produto ou serviço.

- Apresente o produto ou serviço, destacando primeiro o benefício para o público-alvo e depois as características descritivas. Tente organizar o texto de forma ordenada, lógica e fluida. Caso tenha mais de um produto, utilize marcadores ou uma tabela. Você pode utilizar fotos dos produtos ou serviços, mas não exagere. Se for usar imagens, utilize-as em tamanho bem reduzido e sempre em associação com textos; o uso de tabelas ajuda nesse momento. A apresentação do produto ou serviço não deve ficar parecendo um catálogo de vendas. Se estiver planejando um serviço muito diferente ou inovador, procure utilizar uma figura que represente o funcionamento do serviço. Isso facilita o entendimento.[3]

- Em geral, os dois tópicos acima já são suficientes para apresentar o produto ou serviço. Mas pode ocorrer de o seu produto ainda precisar ser desenvolvido ou finalizado,[4] de você querer modificá-lo nos próximos anos ou mesmo criar variações do produto ou serviço que possui hoje. Diante disso, além dos dois tópicos acima, explique o estágio de desenvolvimento atual do produto e como foi planejada sua evolução para os próximos anos.

- Finalize a apresentação do produto com a análise da situação atual e de como isso evoluirá nos próximos anos.

---

3 Procure informações sobre infográficos na internet e reflita sobre a sua utilidade na apresentação de serviços diferenciados ou inovadores.

4 Imagine uma situação em que você desenvolve um *software* que ainda não foi finalizado, sendo porém preciso escrever um plano de negócio para ele a fim de captar recursos de investidores.

Erros comuns

Empreendedores de primeira viagem e mesmo os mais experientes cometem diversos erros na apresentação de produtos e serviços no plano de negócio. Os mais importantes são:

¤ **Apresentação demasiadamente técnica.** Isso ocorre, principalmente, com empreendedores de base tecnológica, que criam novos negócios baseados em conhecimentos da engenharia e das ciências em geral. Como são fanáticos pela tecnologia, esses empreendedores tendem a apresentar os aspectos técnicos dos produtos ou serviços em detrimento dos seus benefícios para o cliente final.

¤ **Produtos e serviços sem vantagens competitivas.** Os produtos e serviços são apresentados de forma absolutamente imparcial. Quem lê a apresentação não entende as vantagens competitivas e comparativas do que está sendo apresentado, nem percebe a obsessão do empreendedor em desenvolver e comercializar os "melhores produtos ou serviços do mundo". Fica a impressão de que são "genéricos".

¤ **Uso excessivo/errado de fotos ou figuras.** O sujeito acha que é só colocar algumas fotos do produto e a apresentação já está feita. Além disso, alguns inserem umas figuras "mirabolantes" e acreditam que isso basta para o leitor entender o produto ou serviço, sem se preocupar com a complementação de texto.

¤ **Mensagens apelativas ou panfletárias.** Ainda que elabore um plano de negócio para uma entidade que combaterá a fome do mundo, evite mensagens apelativas ou panfletárias como manifestos ou declarações que invoquem sensacionalismo. Concentre-se nos benefícios, apresentações e descrições dos produtos e serviços.

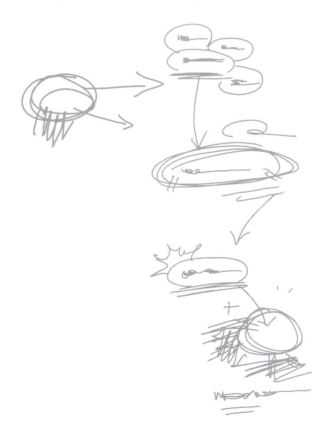

Atividade: rascunho da apresentação de produtos e serviços

data:

Qual é a questão-chave desta parte para atender ao objetivo do seu plano de negócio?

Instruções: a apresentação dos produtos e serviços é, sobretudo, uma introdução. Escreva levando em consideração quem é o público-leitor e o que ele entende sobre as peculiaridades do que está sendo mostrado. Se julgar conveniente, utilize frameworks, fluxogramas e infográficos para melhorar a comunicação.

Workshop: utilize esta página para anotar suas ideias!

Análise do mercado consumidor

Depois de preparar as apresentações da oportunidade e de produto ou serviço, você vai lidar com um tipo diferente de informação: a análise do mercado consumidor.

Como qualquer análise, vai precisar de dados – nesse caso, do mercado consumidor –, e a partir deles precisará fazer uma análise e levar o leitor do plano de negócio a uma conclusão. Esta precisa ser necessariamente a constatação de um mercado para o produto ou serviço apresentado.

Não adianta convencer o sujeito de que há interesse na apresentação da oportunidade e dar mais detalhes do produto/serviço que a justifiquem, se você chegar a esse ponto e não conseguir demonstrar que há mercado con-

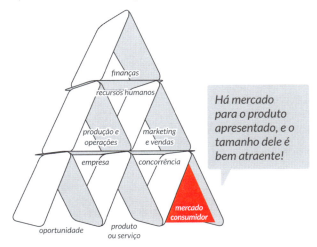

Figura 26. A análise do mercado consumidor no plano de negócio

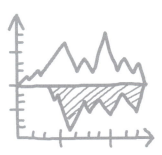

sumidor. Toda a lógica construída até o momento será destruída pelo simples fato de que você não conseguiu provar com a sua análise do mercado consumidor que há demanda para o produto/serviço planejado.

E não basta demonstrar que há interesse, é preciso provar, com dados, que essa demanda de mercado é grande o suficiente para que a empresa que está sendo planejada seja viável e rentável.

Por todas essas exigências, a análise do mercado consumidor tende a ser uma das partes mais difíceis, trabalhosas e complexas do plano de negócio para o empreendedor de primeira viagem. Difíceis porque o empreendedor iniciante vai precisar saber onde encontrar ou coletar informações sobre o mercado consumidor. Na maioria dos negócios, isso não é uma tarefa fácil. É trabalhosa porque o levantamento de dados exige paciência e esforço em pesquisas em relatórios e na internet, em conversas com especialistas, entrevistas e observações de campo. E, por fim, a análise do mercado consumidor é complexa, pois exige análises quantitativas, qualitativas, objetivas e subjetivas para demonstrar que há mercado e que o seu tamanho é atraente. Mas algumas dicas podem facilitar a sua vida no preparo da análise do mercado consumidor. Veja algumas delas a seguir.

Dicas de como fazer a análise do mercado consumidor

Como em qualquer análise, a qualidade da conclusão vai depender da quantidade e do nível de detalhe dos dados a serem examinados, do processo e da capacidade analítica de quem vai conduzir o trabalho. O empreendedor de primeira viagem pode preparar um bom estudo do mercado consumidor se seguir estes passos:

¤ **A introdução da análise do mercado consumidor deve começar com um breve panorama[5] do mercado consumidor. É preciso comentar o perfil geral dos consumidores[6] e o tamanho do mercado, tanto em número de consumidores quanto em valores financeiros.[7] Em alguns casos, é preciso diferenciar usuários (os que utilizarão o produto ou serviço) de clientes (os que realmente pagarão para a sua empresa).**

---

5 É preciso falar de todo o mercado e não apenas do seu nicho. Demonstre que você conhece bem a área em que vai atuar.

6 Quem são as pessoas ou empresas que, em geral, compram seu produto/serviço? Se estiver falando de pessoas, é possível incluir a idade, a classe social, o bairro onde residem, os hábitos de consumo, o comportamento. Se o mercado consumidor for composto de empresas, é possível falar dos principais segmentos de mercado (indústria) e tamanhos (micros, pequenas, médias ou grandes), localização, tipo de demanda, necessidades, etc.

7 Qual é o faturamento anual do setor? Pesquise nas associações de empresas, notícias de jornais e empresas de pesquisa que cobrem seu mercado.

- Depois, é possível explicar como os consumidores (usuários e/ou clientes) do seu mercado estão segmentados ou agrupados,[8] dando detalhes desses segmentos. Isso pode ser feito por meio de uma tabela ou quadro.

- Explique por que você escolheu um segmento específico de mercado para atuar. Dificilmente alguém consegue criar um novo negócio que atenda a todos os segmentos de forma eficiente. Em geral, cada grupo de consumidor tem necessidades diferentes para uma mesma categoria de produto. Pense em produtos/serviços mais elaborados, como automóveis, ou mais simples, como restaurantes. Há carros e restaurantes diferentes que atendem a segmentos (grupos ou nichos) distintos. Muito provavelmente, o produto ou serviço que você identificou como uma oportunidade de negócio vai atender a um grupo muito específico de consumidores.

- Em seguida, dê mais detalhes do segmento de mercado que escolheu. Fale um pouco mais do perfil, do tamanho (número de consumidores e faturamento), das necessidades atendidas e não atendidas e, principalmente, como ele vai evoluir nos próximos anos. Utilize tabelas e gráficos para organizar as informações, mas não se esqueça de analisá-los.

Erros comuns

Como o processo de coleta e análise das informações do mercado é difícil, trabalhoso e complexo, a parte do plano de negócio que trata desse tópico é um terreno fértil para erros grosseiros. Os principais são:

- **Ausência da análise.** Assim como ocorre em outras partes, o erro mais comum e grave nesse momento é a ausência da análise do mercado consumidor. Simples assim! Isso ocorre por diversos motivos. O principal é o desconhecimento sobre o que é um processo de análise. Muitos empreendedores de primeira viagem até incluem o item mercado consumidor no plano de negócio, mas simplesmente o "descrevem", sem nenhuma preocupação em levar o leitor à conclusão de que há demanda de mercado.

- **Confusão entre usuários e clientes.** Como já explicado, algumas empresas têm usuários e clientes. O Google, por exemplo, tem usuários (todos os que acessam seus serviços) e clientes (anunciantes, por exemplo, que pagam ao Google para ter seus anúncios veiculados nas páginas do *site*).

---

8 Caso não consiga encontrar um trabalho já feito sobre a segmentação do seu mercado, tente você mesmo fazer essa análise. Classifique os consumidores do seu mercado em grupos e explique quem é o consumidor típico de cada um e quais são suas necessidades e seus anseios. Tente entender qual seria o tamanho (número de consumidores e faturamento) de cada segmento de mercado e como evoluiria nos próximos anos.

¤ **Sem dados.** Além de não analisar e simplesmente descrever o mercado consumidor, muitas pessoas que escrevem o plano de negócio não citam dados numéricos. Elas não têm a mínima ideia do tamanho do seu mercado e também não sabem como ele evoluirá nos próximos anos.

¤ **Informações genéricas.** Muitos apresentam dados muito genéricos para demonstrar que há demanda de mercado. Por exemplo, estão desenvolvendo um novo *software* de contabilidade para escritórios contábeis de pequeno e médio portes e mencionam o tamanho mundial do mercado. Essa informação está muito longe de convencer de que há demanda para programa de contabilidade para escritórios contábeis de pequeno e médio portes, pois é um dado consolidado de todos os segmentos da indústria de *software* de todos os países do mundo.

¤ **Sem segmentação de mercado.** Empreendedores, principalmente os de primeira viagem, não sabem ou não se preocupam em segmentar o mercado em que vão atuar. Dessa forma, não priorizam o atendimento de nichos específicos de mercado. Acreditam que com o mesmo produto/serviço conseguirão atrair a atenção e vender para todo tipo de consumidor.

¤ **Sem caracterização das necessidades.** Além das falhas relacionadas a dados quantitativos, há erros grosseiros nas análises subjetivas. É comum, por exemplo, observarmos análises do mercado consumidor que não explicam suas necessidades. Por isso, não há como saber, na leitura do plano de negócio, se os consumidores estão satisfeitos ou insatisfeitos com as soluções atuais.

Atividade: rascunho da análise do mercado consumidor

Qual é a questão-chave desta parte para atender ao objetivo do seu plano de negócio?

Instruções: toda análise tem uma conclusão! Qual deve ser a sua conclusão nesta parte? Na análise do mercado consumidor, o benefício do seu produto tende a ser mais relevante para um ou alguns segmentos de mercado consumidor. Cabe a você priorizar os segmentos onde estão as melhores chances de sucesso!

data:

Workshop: utilize esta página para anotar suas ideias!

207

Análise da concorrência

Se a análise do mercado consumidor for feita adequadamente, a análise da concorrência será mais fácil de ser executada, porque o empreendedor de primeira viagem saberá que ele não precisa analisar todos os concorrentes do mercado, mas somente aqueles que oferecem o mesmo benefício para o segmento escolhido.

Assim como a parte que trata do mercado consumidor, a que trata da concorrência também é uma análise que deve levar o leitor a chegar a uma conclusão muito simples: há espaço na concorrência para a oportunidade de negócio apresentada. Além disso, uma boa análise da concorrência também deixa implícito que os empreendedores sabem como ocupar esse espaço.

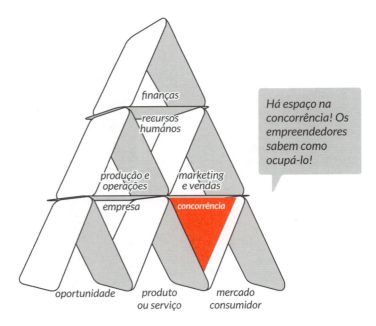

Figura 27. A análise da concorrência no plano de negócio

Dicas de como fazer a análise da concorrência

Uma boa análise da concorrência pode ser feita cumprindo-se as seguintes etapas:

Comece com uma explicação de como funciona a concorrência no mercado consumidor em que você vai atuar. Isso pode ser feito utilizando-se uma abordagem de análise competitiva que ficou conhecida como Cinco Forças de Porter. Para aplicar essa técnica, é preciso fazer uma introdução, analisar cada uma das cinco forças e fechá-las com uma conclusão sobre o funcionamento da concorrência. As cinco forças são:

1 Rivalidade entre os concorrentes atuais: explique quem são (ou serão) seus concorrentes diretos. Não existe "a empresa X é grande demais (ou pequena demais) e por isso não concorre(rá) com a minha empresa". Se alguns (ou muitos) dos seus consumidores compram, mesmo que ocasionalmente, nessas empresas, elas são sim suas concorrentes. Aqui é importante "dar nomes aos bois". Não existe análise genérica. Se você tiver muitos concorrentes diretos, tente agrupá-los por tamanho ou forma de atuação. Utilize uma tabela. Mencione nome, forma de atuação e analise as implicações de cada grupo de concorrentes no seu negócio.

2 **Bens substitutos:** não existe a história de "não tenho concorrentes". Já me cansei de ouvir blá-blá-blá de empresário dizendo que não há ninguém que oferece algo semelhante ao que está sendo proposto. Pode não ser igualzinho, mas há bens substitutos que oferecem um benefício igual ou semelhante ao do produto do empresário blá-blá-blá. Neste item, você precisa explicar quais são os bens substitutos para o seu produto/serviço e mencionar os tipos e quem são as empresas que concorreriam diretamente com você.

3 **Novos entrantes:** precisa explicar quão fácil (ou difícil) seria para alguém criar um negócio semelhante ao seu. É preciso explicar o motivo e como vai lidar com isso, principalmente como vai se proteger diante da entrada de novos concorrentes que também atenderiam ao seu segmento de mercado.

4 **Força dos fornecedores:** primeiro, é necessário entender quem são (serão) todos os seus fornecedores. Depois, quais são os mais vitais para o sucesso do seu negócio. Em alguns negócios, esse tipo de análise tem mais sentido do que em outros. O fornecedor de verduras e legumes, por exemplo, pode ser importante para a competitividade de um restaurante, assim como um fabricante de tecidos especiais pode ser crucial para o sucesso de uma fábrica de roupas. No entanto, o fornecedor de material de escritório não é tão importante para uma consultoria de negócios. Neste item, você precisa analisar se há um ou mais fornecedores que são vitais para o sucesso do seu negócio e como garantir que ele(s) seja(m) seu(s) parceiro(s) e não dos seus concorrentes.

5 **Força dos clientes:** a lógica dessa força tem alguma semelhança com a análise da força dos fornecedores. O empreendedor precisa analisar se o seu negócio depende de alguns poucos clientes. Se for o caso, seu negócio será muito frágil diante da concorrência. Se um concorrente "roubar" um dos seus clientes, isso pode representar, de uma hora para outra, uma redução drástica nas receitas da sua empresa. Por outro lado, se nenhum cliente em especial representar uma parcela importante das receitas, o negócio tende a ser mais sólido, pois a perda de alguns clientes não afetará fortemente as receitas do mês.

Depois de analisar como sua concorrência direta funciona, é preciso estudar individualmente os principais concorrentes. Faça uma análise Swot[9] em uma tabela, mencione o nome de cada um na primeira coluna e analise os pontos fortes/fracos e ameaças/oportunidades representados por cada concorrente nas colunas seguintes.

Por fim, faça uma análise com base nas informações contidas nas análises das Cinco Forças de Porter e Swot.

Erros comuns

Como já comentado, se a análise do mercado consumidor for bem-feita, a tendência é que a análise da concorrência fique mais fácil de ser realizada e, assim, espera-se que não ocorram tantos erros nessa parte do plano de negócio. Infelizmente não é o que se observa.

---

9 Vários autores chamam essa análise de Swot (do inglês Strengths, Weaknesses, Opportunities e Threats, ou seja, forças, fraquezas, oportunidades e ameaças).

Há muitos erros que podem ocorrer nessa fase, sendo os principais:

- ¤ **Características em detrimento dos benefícios.** O pior erro observado na análise da concorrência, talvez um dos piores e mais comuns dos planos de negócio, é fazer a análise com base nas características técnicas do produto/serviço e não em seus benefícios. A concorrência entre produtos/serviços sempre ocorre no nível dos benefícios, que são determinados, por sua vez, por aspectos técnicos. Ninguém compra um computador porque ele tem X de memória ou porque tem um processador ABC. O consumidor escolhe o computador que tem a memória X (característica), porque ele pode ser mais rápido (benefício) ou porque oferece uma vantagem em custo (benefício). Ele pode escolher o computador com processador ABC (característica) porque pode ser mais rápido (benefício), mais confiável (benefício) ou mesmo pode ser mais simples de usar (benefício). Por basearem a análise da concorrência nas características do produto/serviço, muitos empresários conseguem afirmar que "por não existir ninguém que ofereça produto/serviço com as mesmas características, o produto dele não tem concorrentes". De todos os equívocos escritos em planos de negócio, esse é o pior. Empresários que acreditam nisso são os que mais são surpreendidos pela concorrência quando iniciam seus negócios!

- ¤ **Uso de métodos de análise sem conclusão.** Outro erro muito comum nos planos de negócio é o uso de métodos de análises de negócios como as Cinco Forças de Porter ou Swot sem uma conclusão. O sujeito preenche com dados cada um dos itens e depois deixa o quadro (em geral é um quadro ou tabela) solto, chegando ao ponto de chamá-lo de "análise da concorrência". Quem lê isso sempre se pergunta: "E daí?".

- ¤ **Análise de concorrentes sem concorrentes.** Imagine um técnico de futebol passando instruções ao seu time antes do jogo sem distinguir os jogadores do time adversário (não menciona nome, número de camisa, nem a posição em campo). Quais as chances de esse time ganhar o jogo? Muitos que desenvolvem a análise da concorrência no plano de negócio fazem exatamente isso. Conseguem a proeza de analisar a concorrência sem mencionar quem é ela. Esses gênios da estratégia a tratam como se fosse algo único. Na verdade, ela é composta de outros produtos/serviços com benefícios semelhantes aos do seu produto/serviço. Cada uma das empresas que oferecem esses produtos/serviços no mercado tem uma atuação diferente e reagirá de forma diferente quando seu negócio estiver funcionando. Você precisa citar explicitamente quem é cada um dos seus concorrentes; quando forem muitos, cite os principais ou faça um agrupamento lógico para iniciar a análise da concorrência.

- ¤ **Análise sem conclusão.** Assim como ocorre na análise do mercado consumidor, é muito comum encontrarmos análises de mercado consumidor sem uma estrutura que leve o leitor à conclusão principal da análise, ou seja, de que há espaço na concorrência para a oportunidade que está sendo planejada.

Atividade: rascunho da análise da concorrência

Qual é a questão-chave desta parte para atender ao objetivo do seu plano de negócio?

Instruções: não afirme que "seu produto é inovador, logo não tem concorrência". É possível que haja concorrentes que você não conheça e sempre haverá soluções semelhantes ou substitutas. Lembre-se ainda de que esta parte também é uma análise e o mais importante é seu resultado.

data:

Workshop: utilize esta página para anotar suas ideias!

Apresentação da empresa

Incluo propositalmente o preparo da apresentação da empresa após o preparo das apresentações da oportunidade e do produto/serviço e das análises do mercado consumidor e da concorrência para que o empreendedor de primeira viagem aprenda e reflita mais sobre o seu negócio.

Se você conseguiu preparar boas análises do mercado consumidor e da concorrência, é provável que já tenha modificado as apresentações da oportunidade e do produto/serviço. Isso porque as análises do mercado consumidor e da concorrência trazem informações vitais para a caracterização da oportunidade de negócio, o que, por sua vez, pode influenciar a apresentação do produto/serviço.

Essas análises e reflexões podem ajudá-lo a preparar uma excelente apresentação da empresa que será responsável pela transformação da oportunidade em produto/serviço, na qual o empreendedor precisa incluir informações para convencer o leitor de que a firma não só tem condições de capturar a oportunidade mencionada no início do plano de negócio como também tem capacidade para identificar e capturar novas oportunidades no futuro. Em outras palavras, ela está orientada para o crescimento.

Assim, além das informações institucionais, como data de fundação, localização da sede e unidades da empresa, perfil e participação acionária dos sócios, o empreendedor deve apresentar a estratégia da empresa.

Para apresentá-la, o empreendedor precisa mostrar de forma contextualizada missão, visão, valores e objetivos estratégicos do negócio.

A missão deve ser uma declaração de por que a empresa existe. Isso oferece o contexto para todas as decisões da organização, descreve uma realidade duradoura

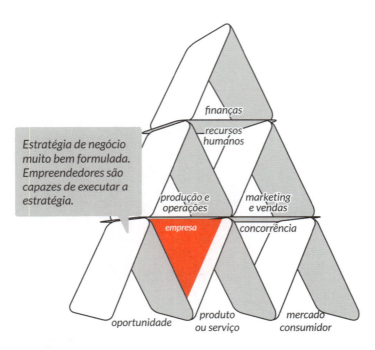

Figura 28. A apresentação da empresa no plano de negócio

e é um elemento motivador para todas as pessoas envolvidas na organização.

A visão é a definição do que a empresa é ou quer se tornar. Empreendedores de primeira viagem precisam definir a visão da sua empresa com base no que querem se tornar no futuro.

A missão e a visão devem ser inspiradoras para todos na sua empresa. Devem servir como um "mantra" que todos os envolvidos entendem, aceitam, defendem e, sobretudo, praticam diariamente. Para que a dupla dinâmica missão/visão se torne um mantra, o empreendedor de primeira viagem precisa fugir dos clichês que muitas empresas consideram suas missões e visões.

Por fim, nesta parte ainda é apresentada, de forma concisa e objetiva, a estratégia empresarial que será seguida pela empresa nos anos cobertos pelo plano de negócio. A declaração da estratégia nada mais é do que uma lista de objetivos a serem atingidos, associada a uma série de ações integradas.

Além das informações institucionais e dos direcionadores estratégicos, o empreendedor precisa apresentar seu modelo de negócio, explicar como a empresa funciona do ponto de vista financeiro, ou seja, como o negócio "gera dinheiro". É importante destacar que o modelo também pode ser inovador, já que a geração de receitas e de lucros de empresas de um mesmo segmento pode ser feita de diversas formas.

Fuja dos clichês

A missão e a visão de uma empresa não devem ser uma frase pendurada na parede ou escondida no *site* da empresa. Empreendedores de primeira viagem têm a chance única de criar empresas realmente diferenciadas, que desenvolverão e venderão produtos e serviços bacanas. Para que isso ocorra, primeiro fuja dos clichês. Frases óbvias que muitas empresas usam como missão e visão quase sempre têm dois destinos: tema de piada entre os funcionários ou legado ao esquecimento.

Exemplos de clichês em missão:

- "É satisfazer nossos clientes." Você já viu alguma empresa cujo negócio é "insatisfazer" seus clientes? Bom, há algumas que até tentam...

- "É produzir produtos com qualidade." É óbvio que qualidade faz parte dos produtos das empresas, por mais que você tenha dezenas de exemplos que provem o contrário.

- "Somos uma floricultura que vende flores." Muitas empresas declaram o óbvio. É claro que todas as floriculturas vendem flores. Mas vendem algo mais?

Dicas de como fazer a apresentação da empresa

Uma boa análise da concorrência pode ser feita cumprindo-se as seguintes etapas:

¤ Inicie com uma introdução bem rápida, explicando a origem do seu negócio. O objetivo é "situar" o leitor, fazê-lo entender o negócio "desde o início". Se a empresa já estiver funcionando, mencione a data de fundação, além de informações institucionais (locais de funcionamento, número de funcionários, faturamento).

¤ Explique o que a empresa faz, o que ela é.

¤ A descrição do modelo de negócio pode vir em seguida. Explique como a empresa ganha dinheiro. Na maioria dos casos, isso acontece da forma mais óbvia. Um restaurante ganha dinheiro vendendo refeições, mas você pode ser mais específico com "comida por quilo", "à la carte", "comida por quilo na hora do almoço e à la carte à noite". O modelo de negócio ainda pode ser diferenciado ou inovador. Algumas empresas não ganham dinheiro com aquilo que elas produzem. Um fabricante de elevadores tem como maior fonte de lucros os serviços de manutenção e não necessariamente a venda dos elevadores.

¤ Uma vez entendido o que o seu negócio "faz" do ponto de vista operacional, pode-se passar para o que ele "é" sob a perspectiva estratégica. É o momento de apresentar a missão do seu negócio. Para criar uma missão que seja inspiradora, primeiro pense no verdadeiro e principal benefício do seu produto/serviço. Escreva uma missão que vai fortalecer, consolidar ou expandir esse benefício de forma criativa. Reflita, por exemplo, se uma doceria vende "doces" ou "momentos de prazer", se uma faculdade está no negócio de "educação" ou no de "desenvolvimento de carreiras profissionais", se uma empresa ferroviária está no negócio de ferrovias ou no de transporte. Procure conhecer a missão de empresas que você admira. Se puder dar uma sugestão, primeiro pense em qual seria a missão do Google. Depois visite o *site* da empresa e reflita sobre como a missão foi definida.

¤ Após a apresentação da missão, vem sua inseparável dupla, a visão. Procure estabelecer metas financeiras e metas subjetivas de reconhecimento dos seus clientes.

¤ A definição da visão deve ser seguida da definição da estratégia, ou seja, o que será feito pela empresa para que a visão de negócio estabelecida seja alcançada.

- **A última parte que pode ser incluída na "apresentação da empresa" é a apresentação dos empreendedores.**

Erros comuns

A priori, a apresentação da empresa deveria ser algo mais fácil para aqueles que escrevem planos de negócio. Isso foi verificado quando entrevistei diversos avaliadores de planos de negócio. Minha constatação foi que a maioria das falhas ocorrem na apresentação da empresa. Como essa parte traz a definição da estratégia, se apresentar falha, estas refletirão em todo o restante do documento. As principais são:

- **Ausência de estratégia.** Na maioria dos planos de negócio não é possível identificar a estratégia da empresa para os próximos anos. Quem escreve o documento simplesmente se esquece (não se lembra ou não sabe) de esclarecer aonde a empresa quer chegar. Como não há objetivos definidos, fica impossível entender qualquer tipo de planejamento que vem em seguida. Imagine que você vai viajar, mas não sabe aonde quer chegar. Como planejar essa viagem?

- **Estratégias genéricas.** Tão ruim quanto não ter uma estratégia é formular uma estratégia ruim. Quando há alguma menção das estratégias da empresa, em geral, elas são genéricas, com definições de missão e visão óbvias e sem nenhum direcionamento específico. É o tal "nosso negócio é produzir produtos com qualidade que atendam à expectativa do cliente".

- **Descrição e não apresentação.** Muitos tratam esta parte do plano de negócio como uma descrição e não como uma apresentação. Na descrição, utilizam uma abordagem genérica e imparcial. Não enfatizam que o negócio que está sendo planejado é diferenciado e tem vantagens competitivas. Por fim, não adaptam o texto ao leitor.

- **Falta de ambição.** Muitos empreendedores contentam-se em resolver um pequeno problema de um determinado público-alvo e não enxergam ou não querem enxergar o potencial de escala do negócio. Embora não haja nada de errado em pensar em um negócio de pequeno porte desde que tenha vantagens competitivas sustentáveis, ainda há muito espaço para novas empresas no Brasil que queiram se expandir rapidamente.

215

Atividade: rascunho da apresentação da empresa

Qual é a questão-chave desta parte para atender ao objetivo do seu plano de negócio?

Instruções: esta é a parte que exige sabedoria do empreendedor. Releia o artigo "Miopia de marketing", o qual você localizou na internet, e reflita sobre qual é o seu negócio. Leia a missão de empresas concorrentes como Natura, O Boticário e Avon e analise qual é o negócio de cada uma. Crie uma visão de futuro que seja missionária e mensurável.

Workshop: utilize esta página para anotar suas ideias!

Planejamento de produção e operações

O planejamento de produção e operações marca o início de um novo tipo de abordagem da informação no plano de negócio. A partir desse momento, o documento será marcado pelos planejamentos e não mais pelas apresentações e análises.

Como já mencionado, um planejamento requer um ou mais objetivos específicos e um plano de ação para explicar como as metas serão atingidas.

No planejamento de produção e operações, os objetivos estão associados à capacidade de produção ou prestação de serviços e também ao bom funcionamento da empresa. Apenas para exemplificar: caso esteja planejando a abertura de um restaurante, seus objetivos quanto a produção e operações devem estar associados a quantos clientes pretende atender por dia e a como toda a operação (parceiros, pessoas, materiais, equipamentos) do negócio funcionará sem erros.

No planejamento de produção e operações fica muito claro se o empreendedor de primeira viagem sabe (ou não) como seu negócio vai funcionar.

Assim, quem lê pode constatar que:

¤ O empreendedor sabe como produzir/prestar o serviço.

¤ Sabe como o produto/serviço será oferecido ao cliente.

¤ Vislumbrou um processo produtivo ou de prestação de serviço diferenciado/inovador.

¤ Sabe como seus processos de produção e operações evoluirão nos próximos anos.

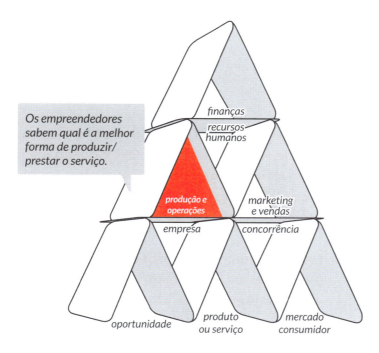

Figura 29. Planejamento de produção e operações no plano de negócio

Dicas de como fazer o planejamento de produção e operações

Como todo planejamento, quanto mais detalhado melhor. A seguir, estão listados alguns passos que podem ser seguidos na preparação do seu plano de produção e operações.

¤ Comece com uma introdução em que os objetivos do planejamento de produção e operações são apresentados. Pense no exemplo do restaurante que pretende atender X pessoas diariamente no almoço e Y pessoas no jantar. Esse é um exemplo de objetivo de planejamento de produção (nesse caso, um misto de produção e de prestação de serviço) e operações.

¤ Explique como o produto/serviço é feito/prestado. Recomendo que utilize figuras que representem fluxos.

a) Se for criar uma empresa de manufatura, como uma fábrica de roupas ou de alimentos, explique como ela vai funcionar desde o momento em que você adquire a matéria-prima até o momento em que vende para seus clientes. Explique como será produzido o produto. Faça o *layout* das instalações, preocupando-se com detalhes de localização dos equipamentos, máquinas, utensílios, materiais e móveis.

b) Se for criar uma empresa de serviços como uma consultoria de negócio, uma empresa de design de produtos, um salão de beleza, explique como ela vai funcionar. Quais serão os principais processos na prestação de serviço para o cliente? Como cada processo interage com os outros processos? Faça o *layout* do escritório com o posicionamento das máquinas e móveis.

c) Se for criar uma empresa de comércio, como uma livraria, uma agência de viagens ou um *site* de comércio eletrônico, explique como ela vai funcionar. Apresente os principais processos desde o momento em que você adquire os itens do seu fornecedor até o momento em que o cliente adquire o produto final. Faça um *layout* da empresa com o posicionamento das máquinas, móveis e materiais.

¤ Destaque as vantagens dos processos apresentados no tópico anterior. Não seria possível inová-los também para oferecer um produto/serviço melhor ou aumentar a eficiência da empresa?

¤ Explique como esses processos contribuirão para que sua empresa atinja os objetivos do planejamento de produção e operações agora e nos próximos anos.

Erros comuns

Alguns erros são típicos do planejamento de produção e operações. Os principais são:

- ¤ **Capacidade x plano.** Boa parte das pessoas que escrevem planos de negócio não definem os objetivos do planejamento de produção e operações. Assim, fica impossível calcular a capacidade produtiva de uma fábrica, o nível de estoque de uma loja de comércio ou o *layout* de uma cozinha de um restaurante, apenas para citar alguns exemplos simples. Como alguém consegue planejar a produção e a operação de um negócio sem ter informações relativas a quantidades?

- ¤ **Plano x descrição.** A maioria dos planos de produção e operações não representa o resultado de um planejamento. São meras descrições de como será o processo produtivo ou de prestação de serviços.

- ¤ **Plano x intenção.** Em diversas situações, empreendedores mostram-se muito bem intencionados na apresentação da oportunidade, da empresa e dos produtos e serviços com ideias de negócios que serão diferentes e farão a diferença. Mas depois, essas boas intenções não são traduzidas no planejamento da produção e operações. O empreendedor não expõe ou detalha por que seus métodos serão mais sustentáveis ambiental e socialmente, não explica por que serão diferentes ou inovadores.

Atividade: rascunho do plano de produções e operações

Qual é a questão-chave desta parte para atender ao objetivo do seu plano de negócio?

Instruções: o objetivo de qualquer planejamento é atingir (se possível, superar) a meta estipulada com eficiência. Como fazer mais com menos! Você precisa demonstrar que sabe fabricar o produto (ou prestar o serviço) com poucos recursos, situação comum à maioria dos empreendedores.

data:

Workshop: utilize esta página para anotar suas ideias!

Planejamento de marketing e vendas

Prepare sua criatividade! Você vai precisar muito dela para preparar um bom plano de marketing e vendas.

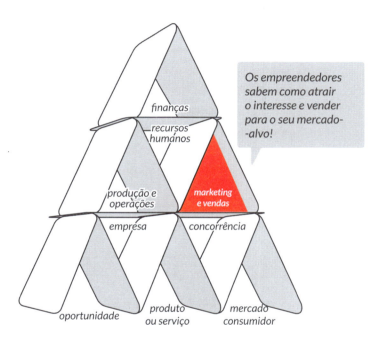

Figura 30. Planejamento de marketing e vendas no plano de negócio

O planejamento de marketing e vendas é responsável por levar o produto/serviço da empresa para o mercado consumidor, passando pelas barreiras criadas pela concorrência. Por essa razão, o pilar de marketing e vendas está acima do de produto ou serviço, concorrência e mercado consumidor no plano de negócio em pirâmide, como observado na figura anterior.

Quem lê esta parte deve chegar à conclusão de que os empreendedores sabem como atrair o interesse e vender para as pessoas do mercado-alvo definido. Só isso!

Para o empreendedor de primeira viagem, o problema é fazer isso com pouco ou quase nenhum recurso. Aqui entra a criatividade mencionada no início do capítulo. Em geral, aprendemos marketing com exemplos das grandes empresas. Abra um livro popular sobre o assunto e encontrará diversos exemplos de como a Coca-Cola, a Ford ou a Apple fazem seu planejamento. Mas você dificilmente conseguiria produzi-los na sua "empresinha de primeira viagem", afinal a Coca-Cola faz anúncio no Jornal da Globo, a Ford anuncia na revista *Veja*, e a Apple tem uma legião de consumidores-fãs-divulgadores. Um amigo meu chama esse tipo de abordagem de "marketing de bazuca", é esse tipo de marketing que aprendemos nos cursos de administração e finanças.

E a sua "empresinha"? Bom, para ela só resta o "marketing de estilingue, areia no olho, mordida na perna e pedaço de pau", porém é possível fazer ótimos planos de marketing só com essas "armas". Se você estudar as histórias de Asa Chandler, Henry Ford, Steve Jobs e Steve Wozniak no período em que empreenderam a Coca-Cola, a Ford Motor Company e a Apple, entenderá que eles também não tinham bazuca, só criatividade!

Dicas de como fazer o planejamento de marketing e vendas

Para você fazer um bom planejamento de marketing e vendas na base do estilingue, siga estes passos:

¤ Como todo planejamento, o de marketing e vendas deve começar pelos objetivos. Para empreendedores de primeira viagem, os principais objetivos estão atrelados ao número de consumidores que a empresa irá conquistar e ao posicionamento desta na mente deles. O número de clientes pode estar atrelado à capacidade produtiva ou de prestação de serviço já tratada no planejamento de marketing e vendas. Considerando o exemplo do restaurante, se você tiver a capacidade de atender cem pessoas na hora do almoço e trinta na hora do jantar, a meta pode ter uma média de 90% da capacidade em todos os meses, a partir do segundo mês após a inauguração. Uma definição de posicionamento pode ser "o restaurante que oferece a melhor comida e a melhor variedade de toda a região".

¤ Uma vez que os objetivos do planejamento de marketing estejam definidos, é hora de pensar nas atividades para atingi-los. Empreendedores de primeira viagem precisam pensar a respeito da sigla Aidala,[10] que significa: Atenção, Interesse, Desejo, Ação, Lealdade e Apóstolo.

¤ **Atenção** Você precisa explicar como as pessoas saberão que o seu negócio e produto existem, como conseguirá atrair a atenção delas, por que terão interesse em comprar o seu produto/serviço e, depois, como elas comprarão. Considerando que sua empresa é nova, poucas pessoas saberão que ela existe quando você a inaugurar. O que fará para que seus potenciais clientes saibam da existência da sua empresa?

¤ **Interesse** Por que essas pessoas se interessarão pelo seu produto/serviço?

¤ **Desejo** Por que as pessoas escolherão você e não o seu concorrente?

¤ **Ação** O que você fará para facilitar a compra do seu produto/serviço? Onde estará localizada sua empresa? A localização ajudará nas vendas? Quanto cobrará pelos seus produtos e serviços? Qual a razão da escolha desses preços?

---

10 A técnica é muito semelhante à dos 3A3R apresentada no capítulo que trata da abordagem da startup enxuta.

- **Lealdade** — O que você fará para fidelizar seus clientes? Ou seja, o que será feito para que eles voltem a comprar da sua empresa?

- **Apóstolo** — Será que seus clientes gostarão tanto do seu produto/serviço que divulgarão espontaneamente sua empresa para seus amigos e colegas? Por que farão isso?

Erros comuns

Como em todas as partes do plano de negócio, o planejamento de marketing e vendas também apresenta erros clássicos. Os mais comuns são:

- **Não acreditar na força do estilingue.** Muitas pessoas que escrevem planos de negócio aprenderam marketing e vendas com livros que ensinam a usar a bazuca. Elas se julgam incapazes de fazer marketing e vendas com poucos recursos.

- **Ausência de objetivos.** Como ocorre nos demais planos, muitos planejamentos de marketing e vendas não apresentam explicitamente seus objetivos. De novo, fica impossível planejar as atividades se não há uma meta a atingir.

- **4Ps versus plano de marketing.** Assim como ocorre com as análises das Cinco Forças de Porter e Swot, muitos acham que é só preencher o plano de negócio com informações relacionadas ao que a empresa pretende fazer a respeito do produto, da praça (localização, distribuição), do preço e da promoção que o plano de marketing está finalizado. Na verdade, o empreendedor precisa pensar em como vai atrair a atenção das pessoas do seu mercado-alvo, em como elas se interessarão pela sua empresa ou produto, em por que desejarão comprar o produto/serviço, em como tomarão a iniciativa de adquirir o produto/serviço. O planejamento de marketing e vendas deve garantir não só a venda do produto/serviço em si, mas também a forma como esse novo cliente se tornará fiel ao seu negócio e voltará a comprar novamente no futuro e, ainda, por que ele será um "apóstolo" da sua empresa, divulgando espontânea e gratuitamente seu produto/serviço para amigos e colegas.

- **Ser otimista demais.** Muitos empreendedores acreditam que só pelo fato de oferecerem um produto diferenciado ou um negócio que faz a diferença para um mundo melhor, os consumidores farão fila à porta da loja. Produtos inovadores e/ou diferenciados podem sim chamar a atenção, mas muitas vezes não geram interesse ou mesmo o desejo de compra, já que podem ser mais caros, podem parecer menos confiáveis por tratarem de uma novidade que ninguém "testou" ou ainda por exigirem que o consumidor mude seus hábitos. Posicionar-se como uma empresa que faz a diferença também pode passar a sensação de que a empresa está se posicionando como "boazinha só da boca para fora", aproveitando-se de uma mensagem só "para vender". E, por fim, muitos consumidores nem notarão ou valorizarão o fato de que a empresa é diferente e faz a diferença. O empreendedor deve levar essas premissas em consideração no momento de planejar suas atividades de marketing e vendas.

Atividade: rascunho do plano de marketing e vendas

Qual é a questão-chave desta parte para atender ao objetivo do seu plano de negócio?

Instruções: nem sempre os exemplos de grandes empresas encontrados nos livros podem ser úteis para empresas nascentes ainda assim, é possível fazer um bom plano de marketing e vendas com poucos recursos e muita criatividade.

data:

Workshop: utilize esta página para anotar suas ideias!

Planejamento de recursos humanos

De todos os planejamentos que compõem o plano de negócio, o planejamento de recursos humanos talvez seja o mais simples e o mais fácil de preparar. Talvez você não goste da expressão *recursos humanos*, pois parece reduzir as pessoas a apenas "recursos". Assim, se achar melhor, pode mudar o nome do tópico para planejamento de pessoas, do time, de talentos ou qualquer outro que prefira.

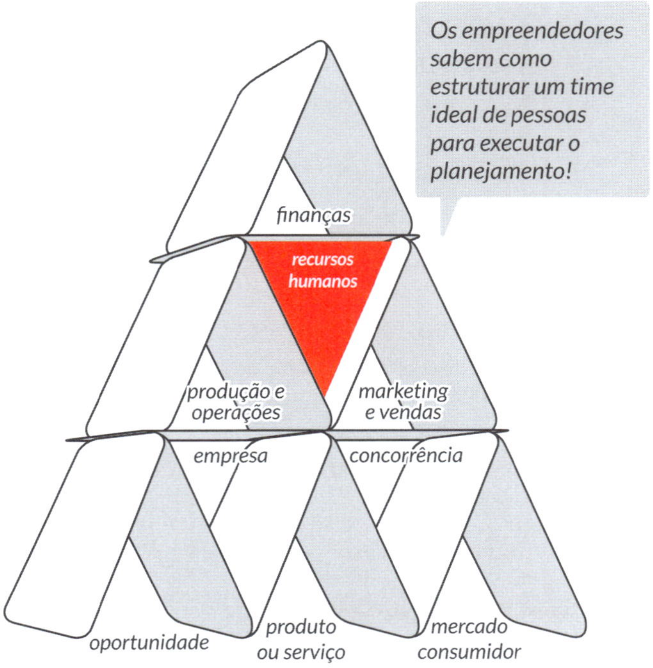

Nesta parte do plano de negócio, o empreendedor precisa apresentar um contexto no qual seja mostrado como desenvolverá a necessidade de habilidades e competências pessoais ao longo do período de tempo coberto pelo plano de negócio. Essas habilidades e competências incluem:

- Funções de desenvolvimento do negócio: liderança em estratégia empresarial, desenvolvimento de novos negócios, gestão de pessoas.

- Funções de geração de receitas: vendas, marketing.

- Funções gerenciais administrativas: contabilidade, finanças, jurídico.

- Funções gerenciais produtivas ou de prestação de serviços: produção, operação.

- Funções de apoio: assistentes, analistas, auxiliares.

Figura 31. O planejamento de recursos humanos no plano de negócio

Ao ler esta parte do plano de negócio, o leitor deve entender que os empreendedores souberam estruturar uma equipe ideal para executar o plano de negócio e assim capturar a oportunidade apresentada logo no início.

A mensagem principal pode ser simples, mas a execução desse planejamento não é nada fácil. Para negócios nascentes, esse planejamento é bastante desafiador, pois pode envolver a previsão de despesas de salários e benefícios em momentos em que a empresa ainda tem fluxos de caixa negativos, exigindo novos aportes de capital.

Dicas de como fazer o planejamento de recursos humanos

Como já mencionado, o planejamento de recursos humanos para o plano de negócio não é tão trabalhoso assim. Os principais passos são:

- Determinar os objetivos do planejamento de recursos humanos (em todos os planos de negócio de empreendedores de primeira viagem, eles são bem parecidos). Em geral, estão associados ao desenvolvimento de uma estrutura enxuta, flexível e motivada de pessoas que permita que a empresa seja eficiente nas suas atividades de produção, operação e vendas.

- É possível apresentar o organograma inicial com as principais funções da empresa e a explicação de quem irá exercê-las. É comum que uma pessoa exerça mais de uma função no início.

- É possível explicar como essa estrutura de funções e pessoas irá evoluir nos próximos cinco anos. Isso pode ser feito com a apresentação de uma nova estrutura organizacional mais detalhada que será implementada em determinado ano.

Erros comuns

Como o planejamento de recursos humanos é mais fácil, os erros ocorrem em menor número; mesmo assim, alguns erros são bastante graves, pois podem comprometer a viabilidade financeira da empresa. Os principais são:

- **Ausência de estrutura organizacional.** Não há uma apresentação de quais são as principais funções na empresa, como elas estão organizadas e, o mais importante, não há uma definição de quem irá exercê-las.

- **Sem liderança definida.** Ocorre quando os empreendedores criam uma estrutura organizacional sem a definição de um líder principal (algo como um presidente, diretor executivo ou gerente-geral) para o negócio. Uma estrutura com dois (ou mais) dirigentes pode até funcionar, porém também pode gerar mais conflitos. O ideal é que haja um líder principal, mesmo que com mandato definido.

¤ **Dimensionamento da estrutura.** Muitas pessoas que fazem o planejamento de recursos humanos começam a planejar a estrutura de pessoas na situação ideal, ou seja, todas as funções terão um responsável, porém, quando o planejamento financeiro está sendo preparado, chega-se à conclusão de que a empresa não terá condições de bancar a despesa de salários da estrutura ideal. Nesse momento, o plano de recursos humanos deve ser reavaliado, e as pessoas passam a acumular funções para a empresa ter uma estrutura mais enxuta (e mais barata).

¤ **Cultura organizacional x propósito do negócio.** Muitas vezes o empreendedor esquece que precisa formar um time de colaboradores que acredite no propósito maior do negócio: ser diferente e fazer a diferença. Isso também deve ser demonstrado no plano de recursos humanos.

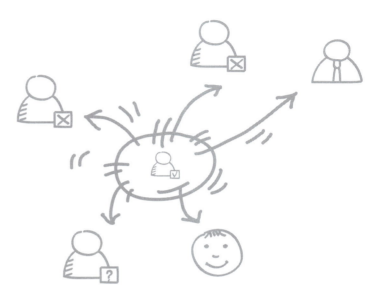

Atividade: rascunho do plano de recursos humanos

Qual é a questão-chave desta parte para atender ao objetivo do seu plano de negócio?

data:

Instruções: definidas as atividades-chave de produção, operações, marketing e vendas, é preciso estabelecer quem irá executá-las e como serão organizadas. Um organograma pode ser útil para definir os papéis e a hierarquia de gestão.

228

Workshop: utilize esta página para anotar suas ideias!

Planejamento financeiro

Depois de ter preparado todas as apresentações, as análises e os planos de produção e operação, de marketing e vendas e de recursos humanos, você tem boa parte das informações para começar o planejamento financeiro.

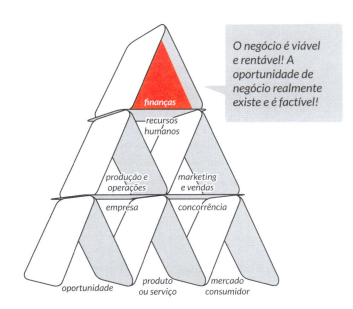

Figura 32. O planejamento financeiro no plano de negócio

De todas as etapas do desenvolvimento do plano de negócio o planejamento financeiro é a parte mais difícil, pois exige a coleta de várias informações, o desenvolvimento de um modelo financeiro, a capacidade do empreendedor em considerar premissas e fazer estimativas e ainda um pouco de conhecimento de contabilidade, finanças e tributação.

Se você não entende nada disso, não se desespere. Mesmo sem nenhum conhecimento, é possível fazer um bom planejamento financeiro com as informações contidas neste livro.

A ideia é que você tenha capacidade de fazer um plano financeiro básico para que desenvolva sua sensibilidade com relação à dinâmica do seu negócio.

A parte financeira tende a ser a principal do plano de negócio, pois demonstra se a oportunidade de negócio é viável e rentável. Em última instância, é o plano financeiro que demonstra que a oportunidade existe e é factível, ou seja, se é possível capturá-la. Ele é composto basicamente de dois tipos principais de informação: demonstrações financeiras e análises.

As principais demonstrações financeiras que normalmente são apresentadas no plano financeiro são: Demonstração do Resultado do Exercício (DRE), Demonstração do Fluxo de Caixa (Fluxo de Caixa) e Balanço Patrimonial. Por ora, é importante saber que a DRE é o demonstrativo que apresenta os dados de receitas (bruta, líquida) e os lucros (bruto, operacional, líquido), que o Fluxo de Caixa mostra as entradas e as saídas de caixa, e o Balanço Patrimonial mostra as situações de ativo, passivo e patrimônio líquido.

Com base nos resultados obtidos durante o preparo das demonstrações financeiras, é possível fazer uma série de análises. As principais são:

- **Análise da rentabilidade.** Também recebe o nome de Taxa Interna de Retorno (TIR). Nessa análise, é possível calcular a rentabilidade que o empreendedor terá em seu negócio, considerando-se que ele vai ter que tirar dinheiro do bolso para investir (investimento inicial) e, só depois de algum tempo, vai conseguir tirar dinheiro da empresa (rendimentos).

- **Análise do ponto de equilíbrio.** Também conhecida como *break-even point analysis*, com ela é possível estimar em que momento a empresa vai começar a gerar fluxos de caixa positivos. Em outras palavras, em que mês o empreendedor vai parar de colocar seu dinheiro no negócio, pois ele passará a gerar *superavits* de fluxo de caixa.

- **Análise de payback.** O empreendedor consegue calcular em que mês ele vai conseguir recuperar o dinheiro investido como capital inicial.

Dicas de como fazer o planejamento financeiro

Ao contrário dos outros planejamentos do plano de negócio, apresentar o plano financeiro é muito fácil. O que dá realmente trabalho é desenvolver o modelo financeiro.

Considerando-se que você conseguiu desenvolver um bom modelo financeiro para o seu negócio, é só seguir os próximos passos para apresentar seu plano financeiro.

- Faça uma introdução rápida para apresentar os dados financeiros da oportunidade de negócio, que deve estar condizente com aqueles que aparecem na apresentação da oportunidade, logo no início do plano de negócio.

- Apresente uma tabela com a DRE para os próximos cinco anos, período comum para traçar o horizonte nos planos de negócio. Apresentar não significa apenas copiar a tabela da planilha financeira e inseri-la no editor de texto. É necessário fazer uma breve introdução, depois copiar e colar a tabela no documento e, por fim, fazer algum comentário sobre a evolução das receitas e lucros, dando alguma ênfase para a despesa que julgue pertinente.

- Faça a mesma coisa com a Demonstração do Fluxo de Caixa para os próximos cinco anos, sem se esquecer de comentá-los. Tanto as DREs como os fluxos de caixa devem ter os valores anuais.

- **Faça as análises de ponto de equilíbrio e payback para demonstrar a viabilidade financeira e a análise de rentabilidade, mostrando que a oportunidade de negócio não só é viável como também rentável.** Sempre é interessante comparar a taxa de rentabilidade com outra taxa de mercado, como a Selic, a do CDI e a da poupança.

Erros comuns

Como o planejamento financeiro é mais difícil de ser executado, em geral ocorrem muitos erros nesta parte. Os principais são:

- **Ausência dos demonstrativos financeiros.** Por incrível que pareça, há pessoas que conseguem fazer um "planejamento financeiro" sem números.

- **Horizonte curto de análise.** Algumas pessoas, apesar de inserir demonstrativos financeiros, ou parte deles, apresentam dados para poucos meses ou até um ano. Nesse caso, o tempo é muito curto e não é possível fazer análises financeiras consistentes.

- **Otimismo.** Uma falha muito comum é o otimismo com relação à projeção de vendas utilizada na DRE e no fluxo de caixa. Em geral, os empreendedores acham que irão vender muito mais do que aquilo que ocorre na prática. É bastante recomendável que você elabore o planejamento financeiro para um cenário otimista, um realista e um pessimista.

- **Erros no cálculo dos impostos.** Aqui dois erros são mais comuns. O primeiro, mais negativo para o empreendedor, ocorre quando o cálculo do imposto não é feito corretamente. O problema em geral está na base de cálculo do imposto ou na determinação da alíquota que incide sobre a base de cálculo. Outro erro, um pouco mais "benéfico", ocorre quando o empreendedor não utiliza algum benefício tributário a seu favor. É comum, por exemplo, o empreendedor desenvolver seu planejamento financeiro com base no lucro real ou presumido e depois descobrir que seu negócio poderia ser enquadrado como microempresa, pagando, dessa forma, menos impostos.

- **Premissas erradas.** Para preencher os dados do modelo financeiro é necessário que o empreendedor estipule algumas premissas, como os valores que serão pagos na aquisição de itens para o início dos negócios, a sazonalidade das vendas durante o ano, o preço a ser cobrado por produto, as retiradas dos sócios, os salários pagos aos colaboradores, etc. Muitas vezes, o empreendedor considera como premissa um determinado valor, mas não tenta validar isso no mercado. Considera, por exemplo, que vai pagar R$ 1.000 por um determinado equipamento, mas, quando vai comprá-lo, o equipamento custa R$ 3.000.

- **Ausência de análises.** Este erro também é bastante frequente. Muitos se esquecem de analisar os números que apresentam, acreditando que ao fazê-lo o planejamento financeiro já está terminado.

Atividade: rascunho do plano financeiro

Qual é a questão-chave desta parte para atender ao objetivo do seu plano de negócio?

Instruções: a parte financeira "fecha" o plano de negócio e deve demonstrar que a oportunidade é viável financeiramente e é rentável. As informações de viabilidade (ponto de equilíbrio, *payback*) e rentabilidade (TIR) devem ser utilizadas na primeira parte do plano (apresentação da oportunidade).

Acerte, mesmo que erre

Se há uma palavra que combina com empreendedorismo é dúvida. No início, muitos duvidam de que o negócio vai dar certo. Até o empreendedor, que, na dúvida, não o comenta nem consigo mesmo. Mas as dúvidas começam a aumentar depois que a empresa passa a funcionar. Muitos empreendedores não quebram, morrem afogados em suas dúvidas que se transformaram em dívidas.

Mas há uma regra geral que pode ser seguida por todo empreendedor e assim reduzir suas dúvidas: faça a coisa certa, do jeito certo e com as pessoas certas.

Fazer a coisa certa é ter foco certo no propósito certo do negócio certo. Um negócio certo concentra-se no benefício do produto e não apenas no produto em si. Ninguém compra uma furadeira, mas um furo na parede, como destacado pelo professor Theodore Levitt, autor do artigo "Miopia de marketing", que explica o que é um negócio certo. Um propósito certo vai além do lucro em si. Henry Ford defendia que "as empresas precisam ter o lucro como objetivo, do contrário, elas morrem. Mas, se uma empresa é orientada apenas para ter lucro, também morrerá, porque não terá mais nenhum motivo para existir". O propósito certo de um negócio é desenvolver clientes, como defendido por Peter Drucker há mais de cinquenta anos. E é preciso ter foco certo. Todo empreendedor precisa saber se concentrar nas prioridades que garantirão o próximo estágio de sucesso do seu negócio. É o que recomenda Michael Lazerow, um dos principais empreendedores seriais dos Estados Unidos. Se não souber qual é a próxima etapa de sucesso do seu negócio e

233

as três ou quatro iniciativas que levarão a empresa esse patamar, é melhor desistir agora para evitar uma tragédia certa no futuro.

Fazer do jeito certo é fazer a coisa certa da forma certa. E a principal coisa certa que um negócio pode fazer é fazer o produto certo para o cliente certo. O cliente certo é aquele que percebe o benefício do seu produto só de vê-lo. Steve Jobs conseguia explicar essa situação na sua mítica frase: "Nós fazemos os ícones da tela parecem tão bons que você irá querer lambê-los!" E também resumia a explicação sobre fazer um produto certo: um ótimo carpinteiro não vai usar uma madeira ruim na parte de trás de uma estante, mesmo que ninguém a veja. E ainda é preciso fazer da forma certa, como defendido por John Mackey, cofundador da Whole Foods, uma das empresas mais honestas dos Estados Unidos: "Não há nenhum motivo aparente por que um negócio não possa ser ético, responsável socialmente e lucrativo".

E, por fim, é preciso fazer com as pessoas certas. E a primeira pessoa certa é o próprio empreendedor. Você saberá se é a pessoa certa se concordar com Luiz Sebra, cofundador da Natura: "Eu era obstinado, estava completamente apaixonado e percebia a oportunidade que havia ali. Quando existe um sonho que não sai da sua cabeça, não deixe nada te abater pelo caminho". Você deve ser a melhor pessoa para o seu negócio. Mas ser o melhor não basta. "Sonhe grande, cerque-se de pessoas melhores do que você e trate todo mundo como gostaria de ser tratado. Acredite estar junto de pessoas melhores do que você, com qualidades e conhecimentos diferentes dos seus" é uma das recomendações de Beto Sicupira, um dos principais empreendedores brasileiros.

Se fizer tudo certo, não se arrependerá, mesmo que isso dê errado!

234

Colocando o barco na água

Neste livro você teve a oportunidade de aprender e testar diversas técnicas para gerar ideias (a partir do seu perfil pessoal, do mercado ou de tendências) para o seu negócio. Também teve a oportunidade de testá-las no mercado, de forma conceitual (por meio do Teste do Guardanapo ou do Canvas do Modelo de Negócio Ampliado) ou de forma interativa (abordagens de Desenvolvimento do Cliente, do Effectuation, da Prototipagem Rápida ou do Startup Enxuta). E, por fim, teve a oportunidade de planejar de forma abrangente e sistêmica ao elaborar um plano para o seu negócio.

Mais do que um trabalho de planejamento, essas atividades ampliaram o seu conhecimento a respeito de si mesmo, do negócio que pretende criar e do mercado em que vai atuar.

Agora é o momento de colocar o barco na água e começar a navegar. Caso ainda não tenha registrado oficialmente a empresa, é preciso planejar a obtenção do Cadastro Nacional da Pessoa Jurídica (CNPJ), sem se esquecer de, antes, tomar algumas providências. As principais são:

¤ **Caso tenha sócios,** é importante entrar em contato com algum advogado societário para providenciar um Acordo de Acionistas. Ainda que esse instrumento seja comumente utilizado em sociedades anônimas de médio e grande portes, a assinatura de um acordo entre os sócios ajudará a definir a atuação de cada um e será muito útil nos momentos de tomadas de decisões mais polêmicas, compra e venda de ações ou outro aspecto que pode pôr em risco o negócio. Isso é importante mesmo para uma sociedade entre um casal, amigos e namorados. É fundamental que o acordo entre os sócios seja negociado em um momento em que tudo está "muito bem", como no início da sociedade.

¤ **Avalie se sua empresa pode ser cadastrada como MEI** (Microempreendedor Individual). Isso facilitará a burocracia fiscal e tributária, pois no MEI há um pagamento fixo mensal que junta todos os impostos, contribuições e tributos. Para se enquadrar nessa categoria, é preciso atuar em alguns segmentos e ter um faturamento máximo anual. Mais informações no *site* Portal do Empreendedor, disponível em: http://www.portaldoempreendedor.gov.br.

¤ **Tenha um bom contador.** Um bom contador pode não ser o que cobra mais barato, mas aquele que sempre oferece orientação sobre o que é melhor para o seu negócio e zela pela pontualidade contábil da sua empresa. Para escolher um profissional adequado, converse com outros empreendedores e peça referências. Selecione dois ou três contadores e marque uma reunião para conhecê-los. Peça que conversem com dois ou três clientes, de preferência, escolhidos por você.

¤ **Tenha mentores.** Em geral, a vida de um empreendedor pode ser muito solitária, já que sua rotina é sempre bastante corrida. Mas é importante discutir os resultados e as situações presente e futura do negócio com outras pessoas. É aqui que pode entrar o mentor. Um mentor é alguém que tem mais conhecimento de gestão de negócio do que você, pode ser um empreendedor mais experiente, um executivo de uma média ou grande empresa ou mesmo um professor de empreendedorismo ou de administração. É provável que não tenha recursos para pagar pelos serviços de um mentor; assim, é preciso descobrir se existe alguém com esse perfil na sua rede de relacionamentos com quem você possa conversar periodicamente (a cada três ou seis meses) a respeito do seu negócio. Pesquise sobre como funciona um processo de mentoria para empreendedores na internet e aprenda como aproveitá-la. O empreendedor deve saber perguntar, ouvir e tomar suas decisões, que nem sempre se alinham à sugestão do mentor. A reflexão e a discussão a respeito de um dilema, desafio ou desejo do empreendedor podem ajudá-lo a tomar uma melhor decisão. Se for possível, tenha mais de um mentor para ter diferentes percepções sobre o mesmo tema.

¤ **Participe de eventos e cursos para empreendedores** – há muitas opções em todo o Brasil –, pois é importante conhecer pessoas que estão empreendendo, mesmo que não sejam da sua área. Um empreendedor de uma loja de sapatos pode aprender com outro que tem um negócio de vendas *on-line* ou gestão de pessoas, por exemplo. Também há entidades de apoio ao empreendedorismo no Brasil, como o Sebrae, o Endeavor e a Artemísia, que oferecem cursos, eventos e conteúdo.

Depois que o negócio começar a funcionar, é importante manter a disciplina de sempre planejar o futuro do empreendimento. O plano de negócio deve passar a ser uma ferramenta de gestão e, para que isso ocorra, deve ser periodicamente avaliado, reajustado, se necessário, e melhorado, principalmente no que se refere às questões operacionais. Um plano de negócio para uma empresa existente é diferente[1] desse que você desenvolveu, pois é mais complexo e muito mais operacional, englobando aspectos de desdobramento de diretrizes e Balanced Scorecard.

Sua carreira como empreendedor

Este livro trata de um tipo especial de empreendedor: aquele que quer fazer diferente e quer fazer a diferença. Há um número crescente de pessoas assim ao redor do mundo que podem ser chamadas de empreendedores sustentáveis, empreendedores sociais, empreendedores de negócios sociais, empreendedores de impacto, capitalistas conscientes, entre outros. Nos Estados Unidos, ainda há um tipo especial de empreendedor que cria uma *Benefit Corporation* ou simplesmente uma *B Corporation*, que são negócios que beneficiam tanto a sociedade quanto seus acionistas e que, por essa atuação, recebem incentivos do governo.

---

[1] Caso tenha interesse em ampliar seus conhecimentos sobre planos de negócio para empresas existentes, consulte *Plano de negócio: teoria geral* (São Paulo: Manole, 2012).

No Brasil, esses termos também vêm atraindo a atenção de diversos empreendedores, investidores, pesquisadores e formuladores de políticas públicas. Fique atento a esse movimento acompanhando o trabalho de entidades como a Artemísia (http://www.artemisia.org.br), o Endeavor (http://www.endeavor.org.br), a Ashoka (http://www.ashoka.org.br), o Instituto de Cidadania Empresarial (http://www.ice.org.br) e a Aspen Network of Development Entrepreneurs – Ande (http://www.aspeninstitute.org).

Ao participar de atividades promovidas por essas organizações, você conhecerá pessoas que querem fazer diferente e fazer a diferença. Elas acreditam, literalmente, no "vai que dá!"

Vai que dá!

O empreendedorismo tem muitas meadas, mas uma delas tem este fio: Mark se aconselhava com Steve, que se aconselhava com Larry, que se aconselhava com Don, que se aconselhava com William, que se aconselhou com amigos quando fundou, em 1959, a Draper, Gaither & Anderson (DG&A), primeira firma de *venture capital* do Vale do Silício.

William Henry Draper Junior já tinha se aposentado quando decidiu se mudar para Palo Alto, na Califórnia, para investir em tecnologias geradas pela Universidade de Stanford, afinal iniciativas parecidas já vinham dando um bom retorno na Universidade de Harvard e no MIT. Vai que dá certo?

Draper contratou Don Lucas, que rapidamente se tornou sócio da firma. Em 1966, todos na DG&A já tinham ganhado um bom dinheiro, e Draper se aposentou novamente, aconselhando o jovem Lucas a seguir seu próprio caminho.

Lucas continuou seu trabalho como investidor e passou a prestar atenção aos jovens que alugavam uma pequena sala na parte de baixo do prédio onde ficava seu escritório. Mesmo não entendendo direito o que faziam, passou a dar conselhos ao jovem fundador da empresa, Larry.

Larry Ellison gostou tanto de Lucas, que o nomeou presidente do conselho de administração, cargo pomposo para uma startup que tinha o estranho nome de oráculo.

E a Oracle cresceu, e a fama de gênio indomável do seu fundador também. Poucos ousariam contatar Ellison diretamente, mas Steve Jobs passou a pedir seus conselhos sempre que tinha de tomar grandes decisões e também o convidou para ser membro do conselho de administração da Apple.

Da mesma forma, poucos ousariam pedir conselhos ao também egocêntrico cofundador da Apple, mas Mark Zuckerberg, cofundador do Facebook, era um desses poucos e até hoje agradece os conselhos de Jobs sobre como manter o foco, desenvolver uma grande equipe e produtos de alta qualidade. Mas não deu tempo de Zuckerberg convidar Jobs para o conselho de administração do Facebook.

Porém, o fio dessa história não está nos livros, nem na cabeça dos professores e consultores de empreendedorismo. Esse fio é a generosidade na divisão daquilo que os empreendedores têm de mais valioso: a sabedoria.

Um sábio tradicional classificaria a sabedoria empreendedora como ingenuidade ou mesmo imprudência.

Não ter sucesso em 10 mil tentativas é uma prova irrefutável de fracasso para o sábio tradicional, mas para Thomas Edison só foram 10 mil descobertas de como algo não funcionava.

Escolher qualquer cor desde que seja preta pode ser classificado como um erro para o sábio tradicional, mas era a única cor tecnologicamente disponível para que Henry Ford conseguisse pintar seus carros com apenas uma demão de tinta e assim mantivesse a altíssima produtividade da sua fábrica de automóveis.

Recentemente, Wilson Poit, empreendedor da Poit Energia e membro do conselho da Endeavor no Brasil, deu uma palestra para a minha classe.

Como sei que a Endeavor atua fortemente por meio de conselheiros, perguntei com quem Poit se aconselhava e qual tinha sido um dos melhores conselhos recebidos. Dentre os vários empreendedores que mencionou, citou o conselho de Jorge Paulo Lemann como um dos melhores que recebeu.

Curiosamente, o conselho também é o nome do barco de Lemann: Vai que dá! Quando estiver em dúvida em algum negócio, vai que dá! Sábios tradicionais pensariam vai que dá m... Mas sábios empreendedores acreditam no vai, que dá certo!

Referências bibliográficas

BAKER, Ronald. *Pricing on purpose: creating and capturing value*. Hoboken: John Wiley & Sons, 2006.

BARRINGER, Bruce R.; IRELAND, R. Duane. *What's stopping you? Shatter the 9 most common myths keeping you from starting your own business*. Upper Saddle River: FT Press, 2008.

BENIOFF, Marc; ADLER, Carlye. *The business of changing the world: twenty great leaders on strategic corporate philanthropy*. Nova York: McGraw-Hill Professional, 2006.

BIRLEY, Sue; MUZYKA, Daniel. F. *Dominando os desafios do empreendedor*. São Paulo: Makron Books, 2001.

BLANK, Steve; DORF, Bob. *The startup owner's manual. The step-by-step guide for building a great company*. Pescadero: K&S Ranch, 2012.

BLAUG, Mark. "Entrepreneurship before and after Schumpeter". In: SWEDBERG, Richard. *Entrepreneurship: the social science view*. Oxford: Oxford University Press, 2000.

BRITTO, Francisco; WEVER, Luiz. *Empreendedores brasileiros*. Rio de Janeiro: Campus, 2003.

BROWN, Tim. *Innovation through design thinking*. Palestra ministrada no Massachusetts Institute of Technology (MIT), Sloan School of Management, Cambridge, 16 mar. 2006.

BYRNES, Nanette. "35 Innovators Under 35: Tallis Gomes, 30". In: *MIT Technology Review*, 2017. Disponível em: https://www.technologyreview.com/lists/innovators-under-35/2017/entrepreneur/tallis-gomes/. Acesso em: 12-12-2017.

CAMELO, Thiago. "Fé ou ócio". In: *Ciência hoje*, São Paulo, n. 296, out. 2012.

COSENTINO, Laércio J. L.; HABERKORN, Ernesto Mário; SILVA, Fernando Cícero. *Genoma empresarial: incluindo a história e trajetória da Microsiga Software*. São Paulo: Gente, 2001.

DOERR, John. Mercenaries and missionaries. Vídeo divulgado em *Stanford University's Entrepreneurship Corner*, 2005. Disponível em: <http://ecorner.stanford.edu/authorMaterialInfo.html?mid=1274>. Acesso em: 4-3-2013.

DRUCKER, Peter. *Innovation and entrepreneurship*. Nova York: Harper Collins, 1993.

FAST COMPANY. "The 100 most creative people in business 2012". In: *Fast Company*, Harlan. Disponível em: http://fastcompany.com/most-creative-people /2012. Acesso em: 2-8-2013.

FERREIRA, Aurélio Buarque de Holanda. *Novo Aurélio Século XXI*. 3. ed. Rio de Janeiro: Nova Fronteira, 1999.

GIL, Marisa. "Criatividade dá dinheiro". In: *Pequenas empresas, grandes negócios*, Rio de Janeiro, Globo, out. 2012.

GUPTA, Udayan. *Done deals: venture capitalists tell their stories*. Boston: Harvard Business School Press, 2000.

HALE-EVANS, Ron. *Mind performance hacks: tips & tools for overclocking your brain*. Sebastopol: O'Reilly Media, 2006.

HOWKINS, John. *The creative economy: how people make money from ideas*. Londres: Penguin Global, 2001.

ISAACSON, Walter. *Steve Jobs: a biografia*. São Paulo: Companhia Das Letras, 2011.

KAHNEY, Leander. *Inside Steve's brain*. Nova York: Portfolio, 2008.

KAWASAKI, Guy. *A arte do começo*. São Paulo: Best Seller, 2006.

KHUN, Thomas. *A estrutura das revoluções científicas*. São Paulo: Perspectiva, 1978.

KIM, W. Chan; MAUBORGNE, Renée. *A estratégia do oceano azul: como criar novos mercados e tornar a concorrência irrelevante*. Rio de Janeiro: Campus Elsevier, 2005.

KOTLER, Philip; KELLER, Kevin. *Administração de marketing*. 12. ed. São Paulo: Pearson, 2006.

LINCOLN, Keith; THOMASSEN, Lars. *Private label: turning the retail brand threat into your biggest opportunity*. Londres: Kogan Page Publishers, 2008

MACHADO, Luiz. "Criatividade". In: *Programa Pipe Empreendedor*, São Paulo, mar. 2004.

MANUAL DE OSLO, 3. ed., 2005. Disponível em: http://www.finep.gov.br/dcom/brasil_inovador/capa.html. Acesso em: 4-3-2013.

MARUYA, Ash. *Running Lean – Iterate from Plan A*. Cambridge: O'Reilly & Assoc, 2012.

MASLOW, Abraham. "A theory of human motivation". In: *Psychological Review*, Washington, v. 50, 1943.

MCKINSEY & Co. *Manual e-Cobra*. São Paulo: McKinsey, 2000.

MURRAY, David. *A arte de imitar: 6 passos para inovar em seus negócios copiando as ideias dos outros*. Rio de Janeiro: Campus, 2011.

NAKAGAWA, Marcelo. "As falhas no desenvolvimento do plano de negócio de empresas de base tecnológica sob o ponto de vista do investidor". Em *XXIII Simpósio de Gestão da Inovação Tecnológica, 2004, Curitiba*. São Paulo: PGT/USP, 2004.

_____. Boas oportunidades para soluções criativas. *Brasil Econômico*, São Paulo, 30 de nov. 2010.

_____. Planejar, planejamento e plano. *Brasil Econômico*, São Paulo, 28 de dez. 2010.

_____. Todo incômodo é um problema. E todo problema é uma... *Brasil Econômico*, São Paulo, 1º de fev. 2011.

_____. O mnduo mduou ou fmoos nós? *Brasil Econômico*, São Paulo, 5 de abr. 2011.

_____. Poder, prazer ou sentido? O que rege sua carreira? *Brasil Econômico*, São Paulo, 16 de ago. 2011.

_____. Em paz com a inovação. *Brasil Econômico*, São Paulo, 25 de out. 2011.

_____. Alexandre, o Médio. *Brasil Econômico*, São Paulo, 15 de fev. 2012.

_____. O Bartleby em todos nós. *Brasil Econômico*, São Paulo, 20 de mar. 2012.

_____. Vai que dá. *Brasil Econômico*, São Paulo, 12 de jun. 2012.

_____. Pare de falar em plano de negócios! *Movimento Brasil que dá certo da HSM*, s/l., 29 de ago. 2012. Disponível em: http://www.movimentobrasilhsm.com.br/?p=1849. Acesso em: 2-8-2013.

_____. Acerte, mesmo que erre. Em *Brasil Econômico*, São Paulo, 9 de abr. 2013.

NEGROPONTE, Nicholas. *Vida digital*. São Paulo: Companhia das Letras, 1985.

OSTERWALDER, Alexander; PIGNEUR, Yves. *Business model generation: inovação em modelos de negócios*. São Paulo: Alta Books, 2011.

PACHECO, Flávia. *Talentos brasileiros: saiba o que eles têm a dizer*. São Paulo: Negócio Editora, 2002.

RAMOS, Fernando Henrique. *Empreendedores: história de sucesso*. São Paulo: Saraiva, 2005.

READ, Stuart; SARAVASTHY, Saras. "Knowing what to do and doing what you know: effectuation as a form of entrepreneurial expertise". In: *Journal of Private Equity*, Nova York, inverno de 2005.

REIS, Carla Fonseca (org.). *Economia criativa como estratégia de desenvolvimento: uma visão dos países em desenvolvimento*. São Paulo: Itaú Cultural, 2008.

RIES, Eric. *A startup enxuta*. São Paulo: Leya, 2012.

ROAM, Dan. *Desenhando negócios: como desenvolver ideias com o pensamento visual e vencer os negócios*. Rio de Janeiro: Elsevier, 2011.

SCHUMPETER, Joseph. "Entrepreneurship as innovation". In: SWEDBERG, Richard. *Entrepreneurship: the social science view*. Oxford: Oxford University Press, 2000.

SEELIG, Tina. *Se eu soubesse aos 20...* Belo Horizonte: Da Boa Prosa, 2011.

SIMON, Herbert. *The sciences of the artificial*. Cambridge: MIT Press, 1969.

TEIXEIRA, Alexandre. A arte de empreender, segundo Beto Sicupira. In: *Época Negócios*. São Paulo: Abril, nov. 2009.

TID, Joseph; BESSANT, John; PAVITT, Keith. *Managing innovation: integrating technological, market and organizational change*. Nova York: John Wiley & Sons, 2001.

WALTON, Sam; HUEY, John. *Sam Walton: made in America*. Rio de Janeiro: Campus, 1993.

WISEMAN, Richard. *O fator sorte: mude sua sorte, mude sua vida*. Rio de Janeiro: Record, 2003.

Finanças

Seu negócio é viável e rentável?

Produção e Operações

Planejamento de produção e operações passo a passo:

1. Faça uma introdução com a apresentação dos objetivos de planejamento de produção e operações. Isso deve estar atrelado à visão da empresa e da expectativa de demanda.
2. Explique como o produto será feito (ou o serviço será prestado). Utilize fluxogramas para apresentar as etapas desde a chegada da matéria-prima até a entrega do bem ao consumidor. Se achar útil, também apresente o *layout* (planta) da empresa.
3. Destaque as vantagens dos processos apresentados no tópico anterior. Não seria possível inovar no processo de produção e operações?
4. Explique como os processos contribuirão para que sua empresa atinja os objetivos do planejamento de produção e operações.

O planejamento de produção (ou prestação de serviços) e planejamento é o primeiro dos planejamentos que você precisa incluir no seu plano de negócio.

O planejamento de produção e operações precisa convencer o leitor de que os empreendedores sabem qual é a melhor forma de produzir o produto/prestar o serviço!

Finanças

O planejamento financeiro tende a ser a principal parte do plano de negócio, pois demonstra se a oportunidade de negócio é viável e rentável. É a parte que comprova que a oportunidade de negócio existe e é factível!

Planejamento financeiro passo a passo:

1. Apresente brevemente os dados financeiros da oportunidade de negócio. Isso deve estar coerente com as informações apresentadas na primeira parte do plano de negócio.
2. Apresente um quadro-resumo da Demonstração do Resultado do Exercício (DRE) para os próximos cinco anos, comentando o que acha que vai acontecer com os números apresentados. A DRE é um formato contábil para apresentar receitas, custos, despesas e lucros do seu negócio.
3. Faça a mesma coisa com a Demonstração de Fluxo de Caixa para os próximos cinco anos.
4. Faça uma análise do ponto de equilíbrio (quando sua empresa vai ser viável?), de *payback* (em quanto tempo vai receber o que investiu para criar o negócio?) e de rentabilidade.
5. Termine esta parte (e o plano de negócio) afirmando que a oportunidade de negócio existe, que é possível realizá-la e que é rentável!

Produção e Operações

Como você produzirá seu produto? Ou prestará o serviço?

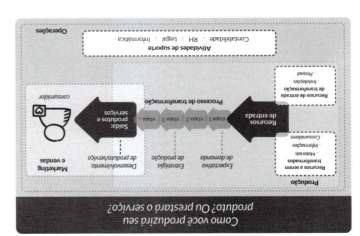

Empreendedorismo
Elabore seu plano de negócio e faça a diferença!